DOSTAL / 100 SATZANALYSEN UND 250 WORTANALYSEN

Karl A. Dostal

100 Satzanalysen
und
250 Wortanalysen

Mit einer Übersicht über
die deutsche Grammatik

8. Auflage
(nach den neuen Rechtschreibregeln)

Verlag Leitner, Wien

Die Deutsche Bibliothek – CIP-Einheitsaufnahme

Dostal, Karl A.
Hundert Satzanalysen und
250 Wortanalysen
nach der neuen Rechtschreibung
Karl A. Dostal – Wien: Verlag Leitner, 1997

8. Auflage 2003

ISBN 3-85157-071-5

Umschlagentwurf: Gerri Zotter, Wien
Gesamtherstellung: Verlag Leitner im Wiener Dom-Verlag, Wien

ISBN 3-85157-071-5

INHALTSVERZEICHNIS

Inhaltsverzeichnis

VORWORT

Dieses Buch enthält außer einer übersichtlichen Einführung in die deutsche Wort- und Satzlehre 100 Satzanalysen und 250 Wortanalysen in Übungsform; denn auch die modernste Sprachauffassung kommt nicht ohne klar abgegrenztes Sprachwissen aus. Ebenso wäre es falsch zu glauben, dass eine funktionale Grammatik auf Übungen verzichten kann.

Das Buch ist daher als Lehrbehelf und Übungsbuch für Hauptschüler und Schüler allgemeinbildender höherer Schulen (Gymnasien, höherer technischer und kaufmännischer Lehranstalten, Polytechnischer Lehrgänge) ab der 7. Schulstufe gedacht und soll es dem Schüler ermöglichen, durch ausreichende Übung mit Selbstkontrolle zum sicheren Gebrauch der neuen Sprachbegriffe und der geänderten Sprachausdrücke zu kommen. Ein Lehrbehelf dieser Art kann selbstverständlich nur das Rüstzeug der modernen Grammatik bieten. Es bleibt dem Lehrer vorbehalten, seine Schüler in jenen Bezug zur Sprache zu bringen, wie es die heutige Sprachauffassung allgemein anstrebt.

Unter diesem Gesichtspunkt kann der Schüler/dieSchülerin das Buch zum Nachschlagen, Üben, Wiederholen verwenden; dem Lehrer/der Lehrerin kann es als Beispielsammlung für seinen Unterricht dienen. Wegen der Möglichkeit der Selbstkontrolle und des zunehmenden Schwierigkeitsgrades der Übungen eignet es sich besonders für den leistungsdifferenzierten Unterricht.

Da im deutschen Sprachgebiet uneinheitliche Fachbezeichnungen vorzufinden sind, wurden, wo dies ohne Beeinträchtigung der modernen Sprachauffassung möglich war, die herkömmlichen Bezeichnungen beibehalten. Die ebenfalls angeführten lateinischen Ausdrücke geben jedoch in allen Fällen lokaler Unterschiedlichkeiten in der Benennung grammatischer Begriffe eindeutig Auskunft.

Die Beispiele wurden zusammenhängenden Texten aus der zeitnahen Sachprosa oder der dichterischen Prosa entnommen.

Professor Regierungsrat Karl A. Dostal

Übersicht über die Grammatik

I. SATZLEHRE
A. Vom deutschen Satz

Der Satz ist eine gegliederte Sinneinheit.

Er gliedert sich in ein **Vorfeld,** ein **Mittelfeld** und ein **Nachfeld.** Im Mittelfeld steht beim Aussagesatz das Zeitwort (Verb), es bildet die Achse des Satzes, um die sich die übrigen Wörter gruppieren. Man spricht daher von einer **Verbalachse.**

Mit der **Verschiebeprobe** kann man unschwer die zu einem Satzglied gehörenden Wörter feststellen, denn im Vorfeld kann nur e i n Satzglied stehen. Dabei wird auch die Achsenstellung des Zeitwortes deutlich erkennbar:

Ohne Regen –	***gibt***	*– es – auf unserer Erde – kein Leben.*
Es –	***gibt***	*– auf unserer Erde – ohne Regen – kein Leben.*
Auf unserer Erde –	***gibt***	*– es – ohne Regen – kein Leben.*
Kein Leben –	***gibt***	*– es – ohne Regen – auf unserer Erde.*
Vorfeld	Mittelfeld	Nachfeld

Kennzeichnend für den Satzbau im Deutschen ist die sogenannte **verbale Klammer,** die in manchen Sätzen zu finden ist:

verbale Klammer

Die beiden Steinböcke s t a r r e n einander minutenlang a n.

verbale Klammer

Gestern h a b e ich den Roman zu Ende g e l e s e n.

In bestimmten Fällen können Teile des Satzes aus der verbalen Klammer herausgenommen und ins Nachfeld des Satzes gestellt werden: **Ausklammerung.**

Ausklammerung

Hans hat schneller gerechnet a l s E r i c h.

B. Die Satzarten

1. Der Aussagesatz: *Im Norden und im Süden sind die Meere kalt.* *Was für eine gute Farbe du hast!*	drückt eine Aussage oder einen Ausruf aus. Der Ausrufsatz wird zum Aussagesatz gezählt, da es sich bei ihm um eine Form der Aussage handelt, die mit besonderer Anteilnahme ausgedrückt wird.
2. Der Aufforderungssatz:	
a) Wunschsatz: *Wärst du doch mitgekommen!*	drückt einen Wunsch,
b) Befehlssatz: *Gib mir das Buch!*	einen Befehl,
c) Begehrenssatz: *Gott helfe mir!*	ein Begehren aus.
3. Der Fragesatz:	drückt Fragen aus:
Wann fährst du nach Innsbruck?	Entscheidungsfragen,
Womit fährst du?	Ergänzungsfragen,
Will die Menschheit sich selbst vernichten?	rhetorische Fragen.

C. Die Satzformen

Übersicht:

Einfache Sätze: (Grundformen)	**Ergänzungslose Sätze** **Sätze mit einer Ergänzung** **Sätze mit zwei oder mehr Ergänzungen**	allein stehender Hauptsatz
	Sätze mit satzwertigen Wortgruppen	Hauptsatz mit Nennform- oder Mittelwortgruppe
Zusammengesetzte Sätze:	**Hauptsatzreihe**	zwei oder mehrere Hauptsätze in einem Ganzsatz
	Satzgefüge	Hauptsatz mit einem Nebensatz (Gliedsatz) oder mehreren Nebensätzen in einem Ganzsatz
Unvollständige Sätze:	**Auslassungssätze** (Ellipsen)	allein stehend oder in Verbindung mit einem vollständigen Hauptsatz

1. Der ergänzungslose Satz:

Er besteht nur aus Satzgegenstand und Satzaussage. Die Satzaussage bilden nur Zeitwörter, die keiner Sinnergänzung bedürfen:

Ernst	*schläft.*	Irene	*spielt.*
Satzgegenstand	Satzaussage	Satzgegenstand	Satzaussage

2. Der Satz mit einer Ergänzung und der Satz mit zwei oder mehr Ergänzungen:

Er hat außer dem Satzgegenstand und der Satzaussage noch eine oder mehrere Satzglieder aufzuweisen, welche den Satzsinn „ergänzen“. Die Anzahl der Ergänzungen hängt vom Zeitwort ab (Valenz).

Beispiel:

Die Griechen lernten von den Babyloniern die genaue Zeitmessung.
Sg. Sa. „Ergänzungen“ im weiteren Sinne

3. Sätze mit satzwertigen Wortgruppen:

a) **die Nennformgruppe** (Infinitivsatz):
Hans nahm an dem Wettspiel teil(,) *um sein Können zu zeigen.*

b) **die Mittelwortgruppe** (Partizipialsatz):
In Linz angelangt(,) fuhr er sofort zu seinem Bruder.
Ihrer Antwort entgegensehend(,) empfehle ich mich mit freundlichen Grüßen.

Zwischen dem Hauptsatz und den satzwertigen Wortgruppen kann auch ein Beistrich gesetzt werden, um Missverständnisse auszuschließen.

4. Die Hauptsatzreihe (Satzverbindung):

Sie besteht aus zwei oder mehreren Teilsätzen (Hauptsätzen), die lose aneinandergereiht oder durch ein Bindewort miteinander zu einem Gesamtsatz verknüpft sind:

Der Geizige rafft Geld und Gut zwecklos zusammen; → 1. Hauptsatz
der Verschwender bringt es zwecklos durch. → *2. Hauptsatz*

Arten der Hauptsatzreihe s. S. 21!

5. Das Satzgefüge:

Es entsteht, wenn ein vollständiger Satz (Nebensatz) die Rolle eines Satzgliedes oder einer Beifügung einnimmt.
Die Nebensätze (Gliedsätze, Beifügesätze) sind dem Hauptsatz untergeordnet und werden meist mit einem Bindewort eingeleitet. Der Nebensatz kann daher vor oder nach dem Hauptsatz stehen oder von diesem umklammert werden:

Als Fritz in Wien ankam, regnete es.
Gliedsatz (Zeitsatz) Hauptsatz

Hans blieb zu Hause,
Hauptsatz
da er seine Aufgaben noch nicht geschrieben hatte.
Gliedsatz (Begründungssatz)

Erich, *der gestern zu spät kam,*
Hauptsatz, 1. Teil Beifügesatz
war mit dem Aufräumen an der Reihe.
Hauptsatz, 2. Teil

Arten der Nebensätze s. S. 24!

6. Auslassungssätze (Ellipsen)

sind unvollständige Sätze, in denen entbehrliche Redeteile weggelassen wurden:

Ein Schuss, und sieben Meter vom Boot entfernt fällt das Tier ins Wasser.

Hilfe! Ein Unfall!

D. Die Bauteile des Satzes

Es werden folgende Bauteile deutscher Sätze unterschieden:

Satzglieder, unselbständige **Gliedteile** (Beifügungen) und **Redeteile,** die außerhalb des Satzverbandes stehen (Parenthesen).

Die sinnnotwendigen Satzglieder sind:

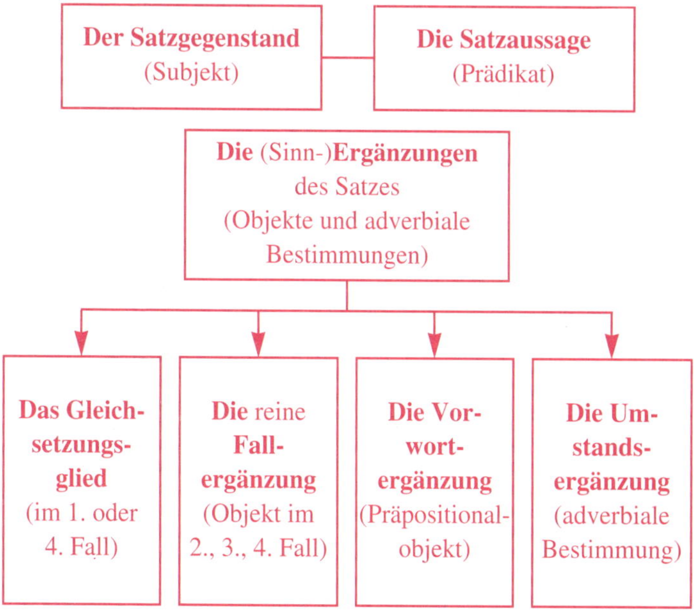

Anmerkung:
Das Gleichsetzungsglied kann auch zu den Fallergänzungen gezählt werden.

Nach der Ergänzbarkeit (Valenz) des Verbs unterscheidet man **„ergänzungslose Sätze“, „Sätze mit einer Ergänzung“** und **„Sätze mit zwei oder mehr Ergänzungen“** als Formen des **„einfachen Satzes“** (Grundformen).

E. Die Satzglieder im Einzelnen

1. Der Satzgegenstand (das Subjekt)

Der Satzgegenstand ist der Träger des Geschehens bzw. Seins. Er steht immer im ersten Fall (Nominativ, Werfall) und antwortet in Verbindung mit der Satzaussage auf die Fragen **Wer?** oder **Was?**

Der Satzgegenstand kann sein:

a) ein Hauptwort, Fürwort oder Zahlwort, aber auch jede andere Wortart:
   Die Männer kehren zurück. *Es* dunkelt. *Alle* lauschen.

b) eine einfache Nennform oder eine satzwertige Nennformgruppe:
Irren ist menschlich. *Reden* ist Silber, *Schweigen* ist Gold.
Mitzuhelfen ist eine Freude. *Seine Lieder zu singen* ist leicht.

c) ein einfaches Mittelwort oder eine Mittelwortgruppe der Vergangenheit:
Frisch gewagt(,) ist halb gewonnen.

d) ein Gliedsatz (Subjektsatz): s. S. 25!
Wer arbeitet, hat auch zu essen.

2. Die Satzaussage (das Prädikat)

Die Satzaussage bildet den **Geschehenskern** des Satzes.
Sie antwortet auf die Frage „Was wird vom Satzgegenstand ausgesagt?“ oder **„Was geschieht?“**.

Die Satzaussage kann sein:

a) ein Hauptzeitwort (Vollverb) oder ein Hilfszeitwort (Hilfsverb), das als Hauptzeitwort verwendet wird. In diesem Falle ist kein Hauptzeitwort im Satz vorhanden:
Ludwig *schreibt.* Er *ist* mein Freund. Sie *hat* Hunger. Erich *wird* Ingenieur.

b) ein Hilfszeitwort der Zeit in Verbindung mit einem 2. Mittelwort:
Ich *habe* deine Schwester *gesehen.*
(Hilfszeitwörter der Zeit: haben, sein, werden.)

c) ein Hilfszeitwort der Aussage in Verbindung mit einer Nennform (Infinitiv):
Erich *will* am Abend *kommen.*
(Hilfszeitwörter der Aussage: wollen, sollen, können, müssen, dürfen, mögen, lassen.)

d) ein als Hilfszeitwort verwendetes Hauptzeitwort in Verbindung mit einer Nennform (Infinitiv) mit „zu“:
Er *pflegt* am Sonntag in die Kirche *zu gehen.*
Das *vermag* mich nicht *zu trösten.*
(Immer werden auf diese Art die Zeitwörter „pflegen“, „scheinen“, „vermögen“ verwendet.)

3. Das Gleichsetzungsglied

Im Gleichsetzungsglied wird der Satzgegenstand mit einer Person oder Sache gleichgesetzt:

Erich ist *mein Freund.*
(Erich = Freund)

a) **Das Gleichsetzungsglied im 1. Fall** (Gleichsetzungsnominativ) steht nur nach den Zeitwörtern

sein, werden, bleiben, sich dünken, heißen, scheinen.

Es antwortet wie der Satzgegenstand auf die Fragen **„Wer?"** oder **„Was?"**. In der Regel ist es ein Hauptwort, es kann aber auch eine satzwertige Nennformgruppe (Infinitivsatz) oder ein Gleichsetzungssatz sein (s. S. 25!)

Beispiele:

Hans wird *Lehrer.*
Wien bleibt *Wien.*
Meine Schwester heißt *Erika.*
Fritz ist *der Beste* in der Klasse.
Fritz ist es, *der der Beste der Klasse ist.*

b) **Das Gleichsetzungsglied im 4. Fall** (Gleichsetzungsakkusativ) steht stets nach den Zeitwörtern

nennen, heißen, schelten, schimpfen, schmähen, taufen.

Es antwortet wie die Ergänzung im 4. Fall auf die Fragen **„Wen?"** oder **„Was?"**.

In der Regel ist es ein Hauptwort, es kann aber auch eine satzwertige Nennformgruppe oder ein Gliedsatz sein:

Erich nennt mich *einen Lügner.*
Er heißt sie *eine Gans.*
Das nenne ich *Wasser in die Donau schütten.*

4. Die (reine) Fallergänzung (das Objekt, auch Objektergänzung genannt)

Im Satz drücken die Ergänzungen das Ziel der Handlung (das Akkusativobjekt), die Zuwendung (das Dativobjekt) oder die Teilhabe (das Genitivobjekt) aus. Sie sind für den Sinn des Satzes notwendig.

Die Ergänzung kann sein: ein Hauptwort, Fürwort oder Zahlwort, eine satzwertige Nennformgruppe oder ein Ergänzungssatz (s. S. 25!).

Man unterscheidet:

a) die **Ergänzung im 4. Fall** (Wenfallergänzung oder das Akkusativobjekt), zu erfragen mit **„Wen?“** oder **„Was?“**:

Der Bauer pflügt *den Acker.*
Die Mönche erbauten *eine Kapelle.*
Es friert *mich.*

b) die **Ergänzung im 3. Fall** (Wemfallergänzung oder das Dativobjekt), sie antwortet auf die Frage **„Wem?“**:

Erich hilft *mir.*
Sie redet *dem Vater* zu.

Anmerkung:

Neben dem für den Sinn des Satzes unentbehrlichen Dativobjekt kennt die Sprachwissenschaft noch den so genannten **„freien Dativ“**, ein ergänzendes Satzglied im Wemfall, das weggelassen werden kann (in Großbuchstaben gedruckt), ohne dass sich der Sinn des Satzes ändert:

Du bist MIR *der Rechte.*
Die Zeit verging IHNEN *schnell.*
Schreib MIR *bald.*
Er trägt DEM FREUND *die Koffer zum Bahnhof.*

c) die **Ergänzung im 2. Fall** (Wesfallergänzung oder das Genitivobjekt), sie antwortet auf die Frage **„Wessen?“**:

Er entledigte sich *seines Auftrages.*
Er rühmte sich *seiner Taten.*
Das entbehrt *jeder Grundlage.*
Ich harre *seiner.*

5. Die Vorwortergänzung (das Präpositionalobjekt oder die Verhältnisergänzung)

Sie bringt im Satz den Bezug von Lage und Richtung der Wesen und Dinge zum Ausdruck.

Die Vorwortergänzung wird festgestellt durch die Fragen: **An wen? Worauf? Womit? Wofür? Woran? Mit wem? Ohne wen?** u. dgl.

Die Vorwortergänzung kann bestehen:
- aus einem Vorwort (Verhältniswort, Präposition) in Verbindung mit einem Hauptwort, Fürwort oder Zahlwort;
- aus einem Umstandsfürwort (Pronominaladverb);
- aus einer einfachen oder satzwertigen Nennformgruppe (Infinitivsatz);
- aus einem Ergänzungssatz.

Beispiele:

Er denkt *an seinen Vater.* Sie wartet *auf den Beginn.* Man hält ihn *für den Täter.* Sie bittet *um ihr Leben.* Er wartet schon *darauf.* Erich schämt sich, *dieses Geschenk anzunehmen.* Inge fürchtet sich *zu kommen.* Irene zweifelt daran, *dass du die Prüfung bestehst.*

6. Die Umstandsergänzung (die adverbiale Bestimmung)

Unter der Bezeichnung „Umstandsergänzung" werden im Folgenden die für den Sinn des Satzes notwendigen **„Umstandsergänzungen"** und die **„freien Umstandsangaben"** zusammengefasst.
Die freien Umstandsangaben sind dem Satz nur frei hinzugefügt und für den Satzsinn nicht unbedingt erforderlich.
Werden sie weggestrichen, ändert sich der Sinn des Satzes nicht.

Beispiele für „freie Umstandsangaben":

Er besuchte seinen Vater FÜR EIN BIS ZWEI TAGE.
freie Zeitangabe

Man hörte lautes Klavierspielen AUS DER NACHBARWOHNUNG.
freie Ortsangabe

Er sprach WEGEN DES SCHLAFENDEN KINDES *sehr leise.*
freie Begründungsangabe

Er lobte seine Schüler SEHR.
freie Artangabe

Diese Sätze sind auch ohne die groß gedruckten freien Umstandsangaben sinnvoll.

Werden die **Umstandsergänzungen** hingegen weggelassen, ändert sich der Sinn des Satzes.

Beispiele für Umstandsergänzungen:

Die Beratung dauerte *zwei Stunden.*
Zeitergänzung

(Die Beratung dauerte . . . ist sinnlos.)

Er legte das Buch *auf den Tisch.*
Ortsergänzung

Erich benimmt sich *vorbildlich.*
Artergänzung

Der Dieb stahl *aus Leidenschaft.*
Begründungsergänzung

Der Form nach können die adverbialen Bestimmungen sein:

a) eine Partikel[1]: Die Tür ist *zu.*
b) ein Vorwortgefüge: Karl wohnt *in der Stadt.*
c) ein Eigenschaftswort: Das Auto fährt *schnell.*
d) ein Hauptwort im 2. oder 4. Fall: Sie behauptete dies *allen Ernstes.* Er steigt *die Treppe* hinauf.
e) ein einfaches Zeitwort: Inge geht *schwimmen.*
f) ein Mittelwort: Sie kam *singend* nach Hause.
g) ein Gliedsatz (Umstandssatz): s. S. 26!

Nach ihrem Sachbezug kann man die adverbialen Bestimmungen einteilen in

a) **Ortsergänzungen** bzw. freie **Ortsangaben** (auch Raumangaben oder lokale Bestimmungen genannt):

Fragen:

Wo? Wohin? Woher? Wie weit?

Beispiele:

Mein Vater wohnt *in Innsbruck.* Sie läuft *bis an die Straße.* Er kommt *von oben.*

b) **Zeitergänzungen** bzw. freie **Zeitangaben** (temporale Bestimmungen).

---

[1] „Partikeln" ist die Sammelbezeichnung für Umstandswörter, Vorwörter und Bindewörter.

Fragen:

Wann? Wie lange? Seit wann? Bis wann? Wie oft?

Beispiele:

Gestern regnete es. Er blieb *bis zum Abend.*
Seit einer Woche klagt Erich über Halsschmerzen.

c) **Artergänzungen** bzw. freie **Artangaben** (modale Bestimmungen).

Fragen:

Wie? Wieviel? Wie sehr? Auf welche Weise?
In welchem Grad? Woraus? Womit?

Beispiele:

Evelin spricht *sehr leise.* Inge hat *wenig* Verständnis dafür gezeigt. Er plagt mich *bis aufs Blut. Ohne Taschenlampe* werden wir den Weg nicht finden. Dieser Teller ist *aus Holz.* Er schlug den Nagel *mit einem Stein* in das Brett.

d) **Begründungsergänzungen** bzw. freie **Begründungsangaben** (kausale Bestimmungen).

Fragen:

Warum? Weshalb? In welchem Falle? Unter welcher Bedingung? Zu welchem Zweck? In welcher Absicht? Trotz welchen Umstandes?

Beispiele:

Der Mord geschah aus *Eifersucht. Unter diesen Bedingungen* muss ich das Angebot zurückziehen. Sie kam zu *einer Besprechung* zum Rechtsanwalt. *Trotz des schlechten Wetters* ging er aus. *Ungeachtet des starken Verkehrs* überquerte er die Straße.

F. Gliedteile

Gliedteile sind keine selbständigen Satzglieder, sondern Teile von diesen. Sie lagern sich als nähere Bestimmungen um ein Satzglied und sind mit diesem verschiebbar.

Die **Beifügungen** (Attribute) sind Gliedteile. Sie dienen der genauen Kennzeichnung des Gliedkerns.
Die Beifügung antwortet auf die Fragen: **Was für ein? Wessen? Welcher? Wieviel?**

Eine Beifügung kann sein:

1. ein Eigenschaftswort, Mittelwort, Fürwort oder Zahlwort:
   der *neue* Wagen, in *gehobener* Stimmung, *seine* Schwester, *fünf* Mädchen;
2. ein Hauptwort:
   der Mantel *der Mutter,* die Frau *mit dem Stock,* meine Freude *über den Sieg;*
3. ein Hauptwort im selben Fall wie das Bezugswort:
   Herr Müller, *Doktor* Gruber, *ein Liter* Milch;
4. ein Hauptwort als nachgestellte nähere Bestimmung (nachgestellte Apposition oder B e i s a t z):
   Wien, *die Hauptstadt Österreichs, . . .*
   Salzburg, *die Mozartstadt, . . .*
   Fritz, *ein Tausendkünstler, . . .*
   am Montag, *dem 7. März 19 . ., . . .;*
5. ein Umstandswort:
   Er sitzt *am weitesten* hinten. Sie besucht mich *sehr oft.*
6. eine Nennformgruppe mit „zu“:
   Seine Art *zu gehen, . . .*
   Seine Fähigkeit, *die Menschen zu begeistern, . . .;*
7. ein Beifügesatz: s. S. 29!

G. Redeteile (Parenthesen)

Redeteile stehen zumeist außerhalb des Satzverbandes. Dazu zählen:

1. **Ausrufe** (Interjektionen):
   Oh, wie mich das freut!
2. **Anreden** (im 1. Fall):
   Mein Kind, was blickst du so ängstlich?
   Vater, wirst du morgen zu Hause bleiben?

3. **Schaltsätze** (gewöhnlich zwischen Gedankenstrichen oder Klammern stehend):

   Mozart – *man kann das ohne Übertreibung behaupten* – war ein begnadeter Künstler.

H. Die zusammengesetzten Sätze

Hauptsatzreihen und Satzgefüge sind zusammengesetzte Sätze, bei denen der „Ganzsatz“ aus mehreren „Teilsätzen“ besteht.

1. Die Hauptsatzreihe (Satzverbindung)

Die „Hauptsatzreihe“ setzt sich aus zwei oder mehreren nebengeordneten Hauptsätzen zusammen, die durch ein Bindewort miteinander verbunden oder ohne Bindewort aneinander gereiht sind. Zwischen den einzelnen Hauptsätzen kann ein Beistrich oder ein Strichpunkt stehen, um den Satz verständlicher zu machen. Als „Satzreihe“ bezeichnet man allgemein jede Verbindung gleichwertiger Sätze. So bilden mehrere aufeinanderfolgende Nebensätze eine „Nebensatzreihe“ (Gliedsatzreihe).

Arten der Hauptsatzreihe (Satzverbindung):

a) **Die anreihende (kopulative) Hauptsatzreihe:**

   Der Tag ist um(,) *(und) wir gehen zur Ruhe.*
   1. Hauptsatz 2. Hauptsatz

   Bindewörter:
   und, oder, außerdem, zudem, zuletzt, sowohl – als auch, erstens, zweitens, drittens . . . , weder – noch, nicht nur – sondern auch, bald – bald, erst – dann, einerseits – anderseits, dann, ferner, sogar u. a. m.

b) **Die ausschließende (disjunktive) Hauptsatzreihe:**

   Entweder du gehst mit mir ins Theater(,)
   1. Hauptsatz
   oder du musst deine Hausübung schreiben.
   2. Hauptsatz

   Bindewörter:
   sonst, andernfalls, entweder – oder.

c) **Die entgegensetzende (adversative) Hauptsatzreihe[1]:**

Römer und Germanen waren Nachbarn,
1. Hauptsatz

doch lebten sie nicht in gutem Einvernehmen miteinander.
2. Hauptsatz

Bindewörter:

aber, allein, doch, dagegen, jedoch, gleichwohl, indessen, trotzdem, dessen ungeachtet, nichtsdestoweniger u. a. m.

d) **Die begründende (kausative) Hauptsatzreihe:**

Die Fledermaus lebt nur von Insekten,
1. Hauptsatz

daher soll man sie schützen.
2. Hauptsatz

Bindewörter:

daher, darum, deshalb, also, mithin, folglich, infolgedessen, demnach u. a. m.

2. Das Satzgefüge

Ein Satzgefüge entsteht, wenn ein vollständiger Satz die Rolle eines Satzgliedes oder einer Beifügung übernimmt:

Sein Pflichtbewusstsein freut mich.
(alleinstehender Hauptsatz)

Dass er pflichtbewusst ist, freut mich.
(Gliedsatz in der Rolle eines Subjekts) (Hauptsatz)

Sätze, welche die Rolle eines Satzgliedes oder einer Beifügung einnehmen, werden **Nebensätze** genannt. Es sind Gliedsätze bzw. Beifügesätze. Nebensätze können nicht für sich allein stehen und werden vom Hauptsatz durch einen Beistrich getrennt. Sie sind dem Hauptsatz untergeordnet.

Eingeleitete Nebensätze:

Die meisten Nebensätze werden durch Wörter bestimmter Art eingeleitet:

durch bezügliche Fürwörter (Relativpronomen):
der, das, die u. a.;
wer, was, welcher;

[1] Auch „entgegenstellende“ Hauptsatzreihe genannt.

durch bezügliche U m s t a n d s w ö r t e r (Relativadverbien):
wo, wohin, woher, womit, worauf, wodurch, wovon u. a. m.;

durch f r a g e n d e F ü r w ö r t e r (Interrogativpronomen):
wer, was, wem, wen, welcher, was für ein u. a. m.;

durch f r a g e n d e U m s t a n d s w ö r t e r (Interrogativadverbien):
wo, wozu, wofür, wohin, woher, wie, wann u. a. m.;

durch B i n d e w ö r t e r (Konjunktionen):
ob, dass, ohne dass, sodass/so dass, als, während, nachdem, weil, da, um, obgleich, obwohl u. a. m.

Demnach teilt man die Nebensätze nach der Art des Einleitewortes ein in:

a) **Relativsätze** oder bezügliche Gliedsätze;
Sie werden durch ein bezügliches Fürwort oder ein bezügliches Umstandswort eingeleitet: das, welche, die, womit, wodurch, . . .

b) **Interrogativsätze** oder abhängige Fragesätze.
Sie werden durch fragende Fürwörter, fragende Umstandswörter oder durch das Bindewort „ob" eingeleitet: wo, wie, was, . . .

c) **Konjunktionalsätze** bzw. durch ein Bindewort eingeleitete Gliedsätze (Bindewortsätze).
Sie werden durch unterordnende Bindewörter eingeleitet: dass, als, da, weil, . . .

Nebensätze ohne Einleitewörter
bilden bereits den Übergang zwischen dem Satzgefüge und der Hauptsatzreihe:

Er sagte, *er sei krank gewesen.*
Ich weiß, *er ist unschuldig.*
Es ist sicher, *wir werden sie bald wiedersehen.*

Stellung des Nebensatzes:

Der Nebensatz kann vor oder nach dem Hauptsatz stehen oder von diesem eingeschlossen werden:

Ob es regnen wird, ist ungewiss.
Nebensatz als „Vordersatz"

Ich bin überzeugt, *dass er rechtzeitig kommen wird.*

Nebensatz als „Nachsatz"

Das Verfahren, *das schon eingeleitet war,* wurde eingestellt.

Nebensatz als „Zwischensatz" (Satzklammer)

Rangordnung der Nebensätze:

Es gibt Nebensätze, die einander untergeordnet sind. Sie beziehen sich dann nicht auf den Hauptsatz, sondern auf den übergeordneten Nebensatz. Man spricht dann von einem Nebensatz 2. oder 3. Grades:

Ich glaube,	→ Hauptsatz
dass du fleißiger geworden bist,	→ *Nebensatz 1. Grades*
seit du gesehen hast,	→ *Nebensatz 2. Grades*
wie leicht man durchfallen kann.	→ *Nebensatz 3. Grades*

In dem angeführten Beispiel bezieht sich nur der Nebensatz 1. Grades (... dass du fleißiger geworden bist ...) unmittelbar auf den Hauptsatz.

Es können aber auch mehrere Nebensätze den gleichen Grad der Abhängigkeit vom Hauptsatz haben. Man spricht dann von einer

Nebensatzreihe:

Erich ist ein Freund,	→ Hauptsatz
der ihm immer hilft,	→ *1. Nebensatz 1. Grades*
der ihn noch nie verlassen hat.	→ *2. Nebensatz 1. Grades*

3. Die Nebensätze im Einzelnen

Man unterscheidet nach ihrer Rolle als Satzglied bzw. als Gliedteil folgende Nebensätze:

den Satzgegenstandssatz (Subjektsatz),
den Gleichsetzungssatz,
den Fallergänzungssatz (Objektsatz),
den Umstandsergänzungssatz (Adverbialsatz),
den Beifügesatz (Attributsatz).

} Ergänzungssätze im weiteren Sinne

Nebensätze lassen sich wie Satzglieder oder Beifügungen, deren Rolle sie übernommen haben, erfragen.

a) Der Satzgegenstandssatz (Subjektsatz)

Der Subjektsatz steht im Satzgefüge in der Rolle eines Subjekts.

Fragen:

Wer? Was?

Beispiele:

Ob sie eintreffen wird, ist ungewiss. (Was ist ungewiss?)
Dass du mir helfen willst, freut mich. (Was freut mich?)
Was gestohlen wurde, ist unbekannt. (Was ist unbekannt?)
Wer andern eine Grube gräbt, fällt selbst hinein. (Wer fällt hinein?)

b) Der Gleichsetzungssatz (früher auch „Prädikativsatz“ genannt).

Gleichsetzungssätze umschreiben das Gleichsetzungsglied. Sie können auch zu den Ergänzungssätzen gezählt werden.

Fragen:

Wer? Was?

Beispiele:

Was ein elektrischer Funke im Kleinen ist, (das) ist ein Blitz im Großen.
(Was ist ein Blitz im Großen?)

Am wichtigsten ist, *dass er bald wegfährt.*
(Was ist am wichtigsten?)

Ich war einst, *was du jetzt bist.*
(Was war ich einst?)

c) Der Fallergänzungssatz (Objektsatz)

Er steht im Satzgefüge in der Rolle einer Fallergänzung.

Fragen nach dem Ergänzungssatz:

Wen? Was? Wem? Wessen? Bei wem? Mit wem? Wobei? Womit? u. a. m.

Beispiele:

Früher meinte man, *dass sich die Sonne um die Erde bewege.*
(Was meinte man früher?)

Ich erinnere mich nicht mehr, *ob es an einem Sonntag gewesen war.*
(Wessen erinnere ich mich nicht?)

Wem Gott ein Amt gibt, dem gibt er auch den Verstand.
(Wem gibt er den Verstand?)

Sie besteht darauf, *dass ich mitkomme.*
(Worauf besteht sie?)

d) Der Umstandsergänzungssatz (Adverbialsatz)

Umstandssätze stehen im Satzgefüge in der Rolle von freien Umstandsangaben oder sinnnotwendigen Umstandsergänzungen.

Arten der Umstandsergänzungssätze:

Zeitsätze (Temporalsätze)
Ortssätze (Lokalsätze)
Artsätze (Modalsätze)
Begründungssätze (Kausalsätze)

aa) **Der Zeitsatz** (Temporalsatz)

wird erfragt durch die Fragen: **Wann? Seit wann? Bis wann? Wie lange?**
Das Zeitverhältnis im Zeitsatz kann gleichzeitig, vorzeitig oder nachzeitig sein:

Einleitewörter bei Gleichzeitigkeit: als, während, wenn, sobald u. a.

Beispiel:

Sobald der Wagen beladen ist, fährt er ab.

Einleitewörter bei Vorzeitigkeit: nachdem, seitdem, seit u. a.

Beispiel:

Nachdem er angeklopft hatte, trat er ein.

Einleitewörter bei Nachzeitigkeit: ehe, bevor, bis u. a.

Beispiel:

Überlege, *ehe du antwortest.*

bb) **Der Ortssatz** (Lokalsatz)

wird erfragt durch die Fragen: **Wo? Woher? Wohin?**

Einleitewörter: wo, woher, wohin.

B e i s p i e l e :

Wo früher das Dorf lag, dehnt sich jetzt der Stausee aus.
Wo kein Kläger ist, da ist auch kein Richter.
Sie kommt von dort, *wo man solche Kleider trägt.*

cc) **Der Artsatz** (Modalsatz)

wird erfragt durch die Fragen: **Wie? Auf welche Weise? Wie sehr? Inwiefern? Womit?**

Er kann bezeichnen:

die A r t u n d W e i s e im engeren Sinne (**Modalsatz**);

Einleitewörter: indem, dass.
Er grüßte seinen Vorgesetzten, *indem er sich verneigte.*
Es donnerte, *dass ihr angst und bange wurde.*

den f e h l e n d e n oder stellvertretenden U m s t a n d ;

Einleitewörter: statt dass, ohne dass.
Fritz spielte, *statt dass er seine Aufgaben machte.*

eine E i n s c h r ä n k u n g (**Restriktivsatz**);

Einleitewörter: soweit, soviel.
Er wird den Auftrag ausführen, *soweit er dafür Zeit findet.*
Soviel ich mich erinnere, besitzt er ein Haus.

einen V e r g l e i c h (**Komparativsatz**);

Einleitewörter: wie, als, so – wie, insofern als, als wie, als ob, wie wenn.
Irene ist größer, als ihre Mutter im gleichen Alter war.

ein V e r h ä l t n i s (**Proportionalsatz**);

Einleitewörter: je – desto.
Je älter er wird, desto nachsichtiger wird er.

das M i t t e l , durch das der im Hauptsatz genannte Sachverhalt eintritt (**Instrumentalsatz**);

Einleitewörter: indem; dadurch, dass; damit, dass.
Er verdient seinen Unterhalt damit, *dass er gelegentlich bei Bauern arbeitet.*

Er vernichtete die unbrauchbar gewordenen Lebensmittel, *indem er sie verbrannte.*

dd) **Der Begründungssatz** (Kausalsatz)

Fragen:

Warum? Weshalb? Weswegen? Woran? Wodurch? Zu welchem Zweck? Unter welcher Bedingung? Trotz welchen Umstandes?

Der Begründungssatz kann zum Ausdruck bringen:

eine Begründung (**Kausalsatz** oder Begründungssatz im engeren Sinne);

Einleitewörter: weil, da, zumal, daher – weil, daran – dass.

Da alle Zeugen anwesend waren, konnte mit der Verhandlung begonnen werden.

Seine Erkrankung zeigte sich vor allem daran, *dass er sehr leicht ermüdete.*

Das kommt vor allem daher, *weil er stets im ungeheizten Zimmer arbeitet.*

eine Bedingung (**Konditionalsatz** oder Bedingungssatz);

Einleitewörter: wenn, falls; im Falle, dass; unter der Voraussetzung, dass . . . ; vorausgesetzt, dass; gesetzt den Fall, dass.

Wenn er kommt, wird er sich über das Geschenk sehr freuen.

Falls das Geschäft geschlossen ist, kauf die Zigaretten in einem Gasthaus.

einen Zweck oder eine Absicht (**Finalsatz** oder Absichtssatz);

Einleitewörter: damit, dass.

Zieh dich warm an, *damit du dich nicht erkältest.*

eine Folge (**Kosekutivsatz** oder Folgesatz);

Einleitewörter: da, als dass, sodass, ohne dass . . .

Er arbeitet schon jahrelang an dieser Erfindung, *ohne dass er damit fertig wird.*

Er ist so verwirrt, *dass er nicht antworten kann.*

einen Gegengrund zu dem im Hauptsatz genannten Sachverhalt (**Konzessivsatz** oder Einräumungssatz);

Einleitewörter: obwohl, obgleich, obschon, wenn auch, trotzdem u. a. m.

Er ging spazieren, *obwohl es heftig regnete.*

e) **Der Beifügesatz (Attributsatz)**

Beifügesätze stehen im Satzgefüge in der Rolle von Beifügungen.

Fragen:

Was für ein? Welches? Welchem? Welchen? Welcher? Wessen?

Beispiel:

Das Gerät hat den Vorzug, *dass man es auf Reisen mitnehmen kann.*

II. WORTLEHRE

A. Übersicht über die Wortarten

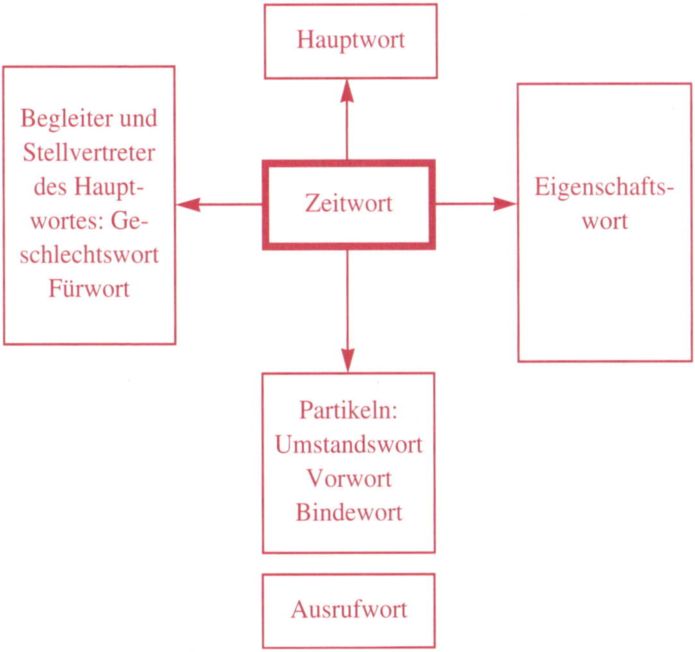

Das Zeitwort (Verb) bildet die Achse des Satzes: Verbalachse.
Das Ausrufwort steht zumeist außerhalb des Satzverbandes.

B. Das Zeitwort

(Das Verb)

B e s t i m m u n g s s t ü c k e :

Art
Person
Zahl (Numerus)
Zeit (Tempus)
Form (Aktiv und Passiv; finite und infinite Form)
Aussageweise (Modus)
Abwandlung (Konjugation)

1. Die Einteilung des Zeitwortes

a) Das Zeitwort drückt T ä t i g k e i t e n , Z u s t ä n d e und V o r g ä n g e in der Zeit aus. Demnach unterscheidet man:

Tätigkeitsverben (z. B. bauen, pflügen, schreiben).
Zustandsverben (z. B. sein, bleiben, wohnen),
Vorgangsverben (z. B. erfrieren, wachsen, fallen).

b) Einteilung im Hinblick auf den Satzgegenstand:
persönliche Zeitwörter; sie stehen im Zusammenhang mit einem bestimmten Satzgegenstand:

Der Vater *schläft.* Die Schwester *liest.*

unpersönliche Zeitwörter; für den Satzgegenstand tritt das unpersönliche Fürwort „es" ein:

Es *regnet.* Es *schneit.*

c) Einteilung im Hinblick auf die Ergänzungsbedürftigkeit im Satz:
Bezügliche (transitive) Zeitwörter verlangen eine Wenfallergänzung (Akkusativobjekt) und können eine Passiv-Form (Leideform) bilden (hören, bauen, ernten, schreiben, verlangen u. a. m.):

Ich melke → die Kuh. (Wenfallergänzung)
Er trägt → die Bücher.

Unbezügliche (intransitive) Zeitwörter erfordern entweder keine Ergänzung oder eine Ergänzung im Wesfall oder im Wemfall (schaden, nützen, folgen u. a. m.).

Rückbezügliche (reflexive) Zeitwörter treten in Verbindung mit einem rückbezüglichen Fürwort auf (sich irren, sich verbrennen, sich waschen u. a. m.).

d) Einteilung nach der Verwendung im Satz als Satzaussage:
Hauptzeitwörter oder Vollverben werden selbständig als Satzaussage verwendet.

Hilfszeitwörter oder Hilfsverben treten fallweise in Verbindung mit einem Hauptzeitwort auf und ermöglichen erst dadurch die Aussage. Man unterscheidet:

Hilfszeitwörter der Zeit (haben, sein, werden);
Hilfszeitwörter der Aussage oder Modalverben
(dürfen, können, lassen, mögen, müssen, sollen, wollen).

Modifizierende Verben sind Vollverben, die fallweise als Hilfsverben verwendet werden (pflegen, scheinen, vermögen, fürchten, brauchen u. a. m.):

Er *pflegt* nach dem Essen *zu schlafen.*
(Hilfsverb)

Umgekehrt können alle Hilfszeitwörter gelegentlich auch als selbständige Vollverben verwendet werden. Sie bilden in diesem Fall a l l e i n die Satzaussage:

Hans *ist* tüchtig.
Hilfsverb,
als Vollverb
verwendet

Grete *wird* Modistin.

2. Person und Zahl des Zeitwortes

Man unterscheidet drei Personen sowie eine Einzahl und eine Mehrzahl.
Person und Zahl sind an der Endung des Zeitwortes erkennbar; man nennt Formen, an denen man Person und Zahl erkennen kann, daher „Personalformen“:

Einzahl	1. Person (sprechende Person)	ich arbeite
	2. Person (angesprochene Person)	du arbeitest
	3. Person (besprochene Person)	er, sie, es arbeitet

Mehrzahl	1. Person	wir arbeit**en**
	2. Person	ihr arbeit**et**
	3. Person	sie arbeit**en**

3. Die Zeit (Tempus)

Man unterscheidet einteilige und mehrteilige Zeitformen:

die **Gegenwart** (Präsens):	ich fahr**e**, ich lern**e**
die **Mitvergangenheit** (Imperfekt oder Präteritum[1]):	ich f**u**hr, ich lern**te**
die **Vergangenheit** (Perfekt[1]):	ich **bin ge**fahr**en** ich **habe ge**lern**t**
die **Vorvergangenheit** (Plusquamperfekt[1]):	ich **war ge**fahr**en** ich **hatte ge**lern**t**
die **Zukunft** (1. Futur[1]):	ich **werde** fahr**en** ich **werde** lern**en**
die **Vorzukunft** (2. Futur oder Futurum exactum[1]):	ich **werde ge**fahr**en sein** ich **werde ge**lern**t haben**

Die Zeitformen werden durch die sogenannten **„Stammformen"** (z. B. fahre, fuhr, gefahren) und durch deren Umschreibung mit den Hilfszeitwörtern „haben", „sein", oder „werden" gebildet:

(ich) bin gefahren
(ich) habe geschrieben
(ich) werde schlafen

4. Die Form des Zeitwortes

Die **Verhaltensrichtungen** (Handlungsart) geben an:
das **Aktiv (Tätigkeitsform):**

Der Lehrer lobt mich.
Der Lehrer lobte mich.
Der Lehrer hat mich gelobt.

[1] In manchen Gebieten werden die Zeitformen mit anderen Namen bezeichnet. Auf der Seite 123 findest du neben der einheitlichen lateinischen Bezeichnung die singleichen deutschen Namen aus den verschiedenen Teilen des deutschen Sprachgebietes.

Der Lehrer hatte mich gelobt.
Der Lehrer wird mich loben.
Der Lehrer wird mich gelobt haben.

das **Passiv (Leideform):** „Werden-Passiv“

Ich **werde** vom Lehrer gelobt.
Ich **wurde** vom Lehrer gelobt.
Ich **bin** vom Lehrer gelobt **worden.**
Ich **war** vom Lehrer gelobt **worden.**
Ich **werde** vom Lehrer gelobt **werden.**
Ich **werde** vom Lehrer gelobt **worden sein.**

das **Zustandspassiv:** „Sein-Passiv“

Ich **bin** übermüdet.
Das Fenster **ist** geöffnet.

Ferner unterscheidet man **bestimmte** (finite) und **unbestimmte** (infinite) **Formen** des Zeitwortes.

Die **bestimmte Form** des Zeitwortes wird auch **Personalform** genannt; an ihr lassen sich Person und Zahl erkennen:

(ich) erwache, (du) erwachst, (er) erwacht, (wir) erwachen usw.

Zu den **unbestimmten Formen** des Zeitwortes zählen
die **Nennform** (der Infinitiv):

geh**en**, schlaf**en**, komm**en**;

das **1. Mittelwort** (Mittelwort der Gegenwart oder 1. Partizip):

geh**end**, schlaf**end**, komm**end**;

das **2. Mittelwort** (Mittelwort der Vergangenheit oder 2. Partizip):

gegang**en**, **ge**schlaf**en**, **ge**komm**en**, **ge**stürz**t**, verunglück**t** . . .

5. Die Aussageweise (Der Modus)

Man unterscheidet die bestimmte und die unbestimmte Aussageweise und die Befehlsform.

Die bestimmte Aussageweise (oder der Indikativ) ist die allgemeine, normale Aussageweise (Wirklichkeitsform). Sie drückt in den drei Zeitstufen aus, dass das mit den Zeitformen genannte Geschehen oder Sein tatsächlich und wirklich ist:

Der Gärtner s e t z t Pflänzchen.

Ich f a n d das Buch.

Er w i r d am Abend k o m m e n .

Die unbestimmte Aussageweise (oder der Konjunktiv) drückt Mögliches (im 1. Konjunktiv; daher auch die Bezeichnung „Möglichkeitsform“) oder Unwahrscheinliches (im 2. Konjunktiv) aus.

1. Konjunktiv (Konjunktiv des Präsens):

   Er meint, es d r ü c k e ihn im Magen.

   Sie erzählte, sie s e i geflohen.

   Er sagte, er h a b e Hunger.

2. Konjunktiv (Konjunktiv des Präteritums):

   Wenn ein Verdacht b e s t ü n d e, w ä r e er nicht gekommen.

   Er sagte, er w ä r e geflohen.

   Sie meinte, sie h ä t t e Hunger.

Ferner kann man mit dem 1. Konjunktiv auch Aufforderungen und Befehle, mit dem 2. Konjunktiv Wünsche ausdrücken:

1. Konjunktiv: Man f r a g e dort an!

2. Konjunktiv: Wenn er sich nur besser mit seinen Kameraden v e r t r ü g e !

Auch für **die abhängige (indirekte) Rede** wird zumeist der (1.) Konjunktiv verwendet:

Hans berichtet, er s e i verunglückt und h a b e sich ein Bein gebrochen.

Der 2. Konjunktiv wird in der abhängigen Rede nur dann eingesetzt, wenn der 1. Konjunktiv und die Wirklichkeitsform gleich sind:

Sie behauptet, ich h ä t t e mir den Kopf verletzt.

Statt:

Sie behauptet, ich h a b e mir den Kopf verletzt.

(An dieser Form der Aussage kann das Unbestimmte nicht erkannt werden.)

Die Bedingungsform (oder der Konditional) wird durch Umschreibung des Zeitwortes mit „würde“ gebildet und dann als Ersatz für den Konjunktiv verwendet, wenn der Konjunktiv ungebräuchlich ist oder wenn dieser mit der Wirklichkeitsform übereinstimmt:

Sie w ü r d e fliehen, wenn ... – Statt: Sie f l ö h e, wenn ...

Sie w ü r d e die Vase hinstellen, wenn ... – Statt: Sie s t e l l t e die Vase hin, wenn ...

Die Befehlsform (oder der Imperativ) drückt eine Bitte, einen Rat, eine Aufforderung, einen Befehl, eine Warnung, ein Verbot usw. aus, die direkt an die angesprochene Person gerichtet werden:

G i b her! T r i t t ein! G e h weg!

Bei den meisten Zeitwörtern steht in gehobener Sprache in der Endung der Befehlsform ein „e“:

wasche! zeige! biete!

Die Umgangssprache bevorzugt die Form ohne „e“:
zeig! wasch!

6. Die Abwandlung des Zeitwortes (Die Konjugation)

Je nach der Veränderung oder Nichtveränderung des Zeitwortstammes unterscheidet man stark, schwach oder unregelmäßig konjugierende Zeitwörter.

Stark konjugierende Zeitwörter

Kennzeichen: Der Stammvokal ändert sich bei der 2. bzw. 3. Stammform; die 3. Stammform endet auf -en:

liege – l**a**g – geleg**en**
fange – f**i**ng – gefang**en**
lüge – l**o**g – gel**o**g**en**
1. 2. 3.
Stammform

Schwach konjugierende Zeitwörter

Kennzeichen: Der Stammvokal bleibt gleich, die 2. Stammform endet auf -te, die 3. Stammform endet auf -(e)t:

zeige – zeig**te** – gezeig**t**
ende – ende**te** – geend**et**
1. 2. 3.
Stammform

Unregelmäßig konjugierende Zeitwörter

Kennzeichen: Sie zeigen weder die Merkmale des starken Zeitwortes noch jene des schwachen Zeitwortes. Meist ändert sich der Stammvokal trotz Endung auf -te bei der 2. Stammform:

n**e**nne – n**a**nnte – gen**a**nnt
d**e**nke – d**a**chte – ged**a**cht
1. 2. 3.
Stammform

Unregelmäßig konjugierende Zeitwörter sind:
bringen, ziehen, sitzen, sein, wissen, können, dürfen, sollen, wollen, mögen, müssen.

Bei manchen Zeitwörtern schwankt der Gebrauch:
sende – sendete – gesendet
oder
sende – sandte – gesandt

7. Zur Bildung des Zeitwortes

Nach ihrer Bildung kennt man

einfache Zeitwörter: laufen, schreiben, rufen usw.;

zusammengesetzte Zeitwörter: großtun, fortfahren, widerstehen usw.;

abgeleitete Zeitwörter: tränken (von trinken), kränken (von krank), fischen (von Fisch) usw.

C. Das Hauptwort

(Das Substantiv oder Nomen, auch „Nennwort“ oder „Namenwort“ bezeichnet)

Hauptwörter sind Namen für Dinge, für Lebewesen oder für Denkbares.

Bestimmungsstücke:
- Art
- Geschlecht
- Zahl
- Fall
- Beugungsklasse

1. Arten des Hauptwortes

a) **Gegenstandsnamen oder Dingnamen** (Konkreta) bezeichnen Dinge oder Lebewesen:

Menschen, Tiere, Länder, Städte, Straßen, Berge, Flüsse, Seen, Meere, Schiffe, Sterne, Gegenstände, geistige Schöpfungen.

Man unterscheidet:

Eigennamen:

Karl, Österreich, Alpen, Mond, Firma Müller. ‚Lohengrin“, Schweiz, Huflattich, Mai u. a. m.

Gattungsnamen:

Mensch, Österreicher, Europäer, Lehrer, Paarhufer, Blume, Möbel u. a. m.

(Auch Eigennamen können zu Gattungsnamen werden: Duden, Zeppelin u. a. m.)

Sammelnamen:

Herde, Wald, Flotte, Dutzend, Haufen u. a. m.

Stoffnamen:

Leder, Wasser, Wein, Wolle u. a. m.

b) **Begriffsnamen** (Abstrakta) bezeichnen nur Denkbares:

Seele, Sterben, Schwimmen, Reise, Friede, Liebe, Jugend, Ehrlichkeit, Freundschaft, Physik, Kunst, April, Meter u. a. m.

2. Das Geschlecht des Hauptwortes (Genus)

a) **Das natürliche Geschlecht:**

männlich – der Vater

weiblich – die Mutter

b) **Das grammatische Geschlecht:**

männlich (masculinum) – der Apfel

weiblich (femininum) – die Blume

sächlich oder neutral (neutrum = keines von beiden) – das Blatt

Schwankendes Geschlecht:

Es gibt Hauptwörter, deren Geschlecht schwankt (bei gleicher Bedeutung des Wortes):

das (seltener: der) Zepter

das (der) Meter

der (das) Bereich

das (der) Radar

3. Die Zahl des Hauptwortes (Numerus)

Einzahl (Singular) – der Apfel

Manche Hauptwörter kommen nur in der Einzahl vor:

Österreich, Goethe, Christus u. a. m.

Mehrzahl (Plural) – die Äpfel

Manche Hauptwörter kommen nur in der Mehrzahl vor:
Eltern, Leute u. a. m.

4. Der Fall des Hauptwortes (Kasus)

	Einzahl, männlich	Mehrzahl, männlich
1. Fall oder Werfall (Nominativ):	**der** Mann	**die** Männer
2. Fall oder Wesfall (Genitiv):	**des** Mannes	**der** Männer
3. Fall oder Wemfall (Dativ):	**dem** Mann(e)	**den** Männern
4. Fall oder Wenfall (Akkusativ):	**den** Mann	**die** Männer

5. Die Beugung des Hauptwortes (Deklination)

Man unterscheidet drei Beugungsklassen:

die starke, die schwache und die gemischte Beugung:

Beispiele für die Beugung des Hauptwortes:

männlich	**starke Beugung**	**schwache Beugung**	**gemischte Beugung**
Merkmale	2. Fall Einzahl endet auf -s oder -es; 1. Fall Mehrzahl auf -e, -er, -s oder endungslos; 3. Fall Mehrzahl auf -n oder -en; einzelne Hauptwörter haben in der Mehrzahl einen Umlaut.	Endung in allen Fällen außer dem 1. Fall der Einzahl -n oder -en; Umlaut möglich.	Gemischt beugen Hauptwörter männlichen oder sächlichen Geschlechtes, die in der Einzahl die Merkmale der starken, in der Mehrzahl die Merkmale der schwachen Beugung aufweisen.
Beispiele:	Ez. der Wald des Waldes dem Wald(e) den Wald	der Mensch des Menschen dem Menschen den Menschen	der Staat des Staates dem Staat(e) den Staat
	Mz. die Wälder der Wälder den Wäldern die Wälder	die Menschen der Menschen den Menschen die Menschen	die Staaten der Staaten den Staaten die Staaten

weiblich	**starke Beugung**	**schwache Beugung**	**gemischte Beugung**
Merkmale	Keine Endung in der Einzahl, dagegen ein -e in den meisten Fällen der Mehrzahl; der 3. Fall der Mehrzahl endet auf -(e)n; Umlaut möglich.	Keine Endung in der Einzahl; in der Mehrzahl Endung -n oder -en.	Weibliche Hauptwörter, die gemischt gebeugt werden, gibt es nicht.
Beispiele	Ez. die Mutter der Mutter der Mutter die Mutter Mz. die Mütter der Mütter den Müttern die Mütter	die Frau der Frau der Frau die Frau die Frauen der Frauen den Frauen die Frauen	

weiblich	**starke Beugung**	**schwache Beugung**	**gemischte Beugung**
Merkmale	2. Fall Einzahl endet auf -es oder -s; 3. Fall Einzahl endet auf -e, oder er ist endungslos; der 1. Fall der Mehrzahl endet auf -e, -er, oder er ist endungslos. Umlaut möglich.	Sächliche Hauptwörter, die schwach gebeugt werden, gibt es nicht.	Gemischt beugen Hauptwörter männlichen oder sächlichen Geschlechtes, die in der Einzahl die Merkmale der starken, in der Mehrzahl die Merkmale der schwachen Beugung aufweisen.
Beispiele	Ez. das Haus des Hauses dem Haus(e) das Haus Mz. die Häuser der Häuser den Häusern die Häuser		das Bett des Bettes dem Bett(e) das Bett die Betten der Betten den Betten die Betten

6. Zur Bildung des Hauptwortes

Ableitungen:

die Kälte (von kalt), die Habe (von haben)

Worterweiterungen:

Vorsilben: Ab-, Ant-, Er-, Ge-, Miss-, Rück-, Un-, Ur-, Ver-, Vor-, . . .

Nachsilben: -heit, -keit, -schaft, -tum, -nis, . . .

Wortzusammensetzungen:

Wahl + Gemeinschaft = Wahlgemeinschaft

↕ ↕

Bestimmungswort Grundwort

Das Grundwort bestimmt das Geschlecht.

Wortfamilien (umfassen Wörter gleicher Abstammung):

Schrift, Schreiber, schreiben, schriftlich, Beschreibung, Abschrift, Aufschrift usw.

Wortfelder (werden durch Wörter gleichen oder ähnlichen Sinnes gebildet): sich fortbewegen, gehen, wandern, schlendern, bummeln, torkeln, wanken, schleichen u. a. m.

D. Das Eigenschaftswort

(Das Adjektiv)

Das Eigenschaftswort kennzeichnet Dinge, Lebewesen oder Begriffe und das Geschehen oder Sein.

Bestimmungsstücke:

Gebrauch
Beugung
Vergleichsform

1. Gebrauch des Eigenschaftswortes

a) als Gliedteil (Beifügung):
das *schöne* Wetter

b) als Artangabe (Artergänzung)
Wir sind *quitt.*

Das 1. Mittelwort (1. Partizip) wird ebenfalls wie ein Eigenschaftswort verwendet:

die *liegende* Stellung
in *schwindelnder* Höhe

Das 2. Mittelwort (2. Partizip) kann fallweise wie ein Eigenschaftswort verwendet werden:

in *betrunkenem* Zustand

2. Die Beugung des Eigenschaftswortes (Deklination)

Eigenschaftswörter werden gebeugt, wenn sie als Beifügung oder hauptwörtlich verwendet werden.

Eigenschaftswörter bleiben ungebeugt, wenn sie als Artangabe gebraucht werden oder als Beifügung ein anderes Eigenschaftswort oder Umstandswort näher bestimmen.

Starke Beugung (wenn **kein** Artikel vorangeht):

männlich	weiblich	sächlich
gut**er** Mann	gut**e** Mutter	gut**es** Mädchen
gut**en** Mannes	gut**er** Mutter	gut**en** Mädchens
gut**em** Mann(e)	gut**er** Mutter	gut**em** Mädchen
gut**en** Mann	gut**e** Mutter	gut**es** Mädchen
gut**e** Männer	gut**e** Mütter	gut**e** Mädchen
gut**er** Männer	gut**er** Mütter	gut**er** Mädchen
gut**en** Männern	gut**en** Müttern	gut**en** Mädchen
gut**e** Männer	gut**e** Mütter	gut**e** Mädchen

Schwache Beugung (wenn ein Artikel vorangeht):

der gut**e** Mann	die gut**e** Mutter	das gut**e** Mädchen
des gut**en** Mannes	der gut**en** Mutter	des gut**en** Mädchens
dem gut**en** Mann(e)	der gut**en** Mutter	dem gut**en** Mädchen
den gut**en** Mann	die gut**e** Mutter	das gut**e** Mädchen
die gut**en** Männer	die gut**en** Mütter	die gut**en** Mädchen
der gut**en** Männer	der gut**en** Mütter	der gut**en** Mädchen
den gut**en** Männern	den gut**en** Müttern	den gut**en** Mädchen
die gut**en** Männer	die gut**en** Mütter	die gut**en** Mädchen

Nach den Wörtern „ein, kein, mein, dein, sein, unser, euer, ihr“ wird das Eigenschaftswort folgendermaßen gebeugt:

männlich	weiblich	sächlich
ein lang**er** Abend (stark)	eine gut**e** Frau (schwach)	ein brav**es** Kind (stark)
(während) eines lang**en** Abends (schwach)	einer gut**en** Frau (schwach)	eines brav**en** Kindes (schwach)
(an) einem lang**en** Abend (schwach)	einer gut**en** Frau (schwach)	einem brav**en** Kind(e) (schwach)
einen lang**en** Abend (schwach)	eine gut**e** Frau (schwach)	ein brav**es** Kind (stark)

Beachte:

nach lange**m**, schwere**m** Leiden	– starke Beugung aller Eigenschaftswörter
nach eine**m** lange**n**, schwere**n** Leiden	– schwache Beugung aller Eigenschaftswörter

3. Vergleichsformen des Eigenschaftswortes

Grundstufe (Positiv):	lieb, lang
Mehrstufe (Komparativ):	lieb**er**, läng**er**
Meiststufe (Superlativ):	(am) lieb**sten**, (am) läng**sten**

Nicht alle Eigenschaftswörter bilden bei der Steigerung (Komparation) Vergleichsformen!

4. Zur Bildung des Eigenschaftswortes

Ableitung mit den Nachsilben -ig, -isch, -igt, -icht, -lich, -bar, -sam, -haft:
heilig, hässlich, französisch usw.

Ableitung mit den Vorsilben erz-, un-, ur-, ge-, miss-, ver-, zer-:
zerlumpt, verrückt, geheim, unreif, erzfaul usw.

Zusammensetzungen:
gutgelaunt, schneeweiß, rosenrot usw.

E. Begleiter und Stellvertreter des Hauptwortes

sind das Geschlechtswort, das Fürwort und das Zahlwort.

1. **Das Geschlechtswort** (Der Artikel)

Es begleitet das Hauptwort.

Bestimmungsstücke: Art, Geschlecht, Zahl, Fall.

Die Arten des Geschlechtswortes

a) das **bestimmte** Geschlechtswort:
„der", „die", „das" und deren Beugungsformen „des", „dem", „den" usw.

b) das **unbestimmte** Geschlechtswort:
ein, eines, einem, einen, einer usw.

Das Geschlecht (Genus)

Es richtet sich nach dem Geschlecht des dazugehörigen Hauptwortes:

männlich (masculinum)	– der, ein	(kein)
weiblich (femininum)	– die, eine	(keine)
sächlich oder neutral (neutrum)	– das, ein	(kein)

Die Zahl (Numerus) **und der Fall** (Kasus):

Einzahl:	männlich	weiblich	sächlich
1. Fall, Werfall:	der, ein	die, eine	das, ein
2. Fall, Wesfall:	des, eines	der, einer	des, eines
3. Fall, Wemfall:	dem, einem	der, einer	dem, einem
4. Fall, Wenfall:	den, einen	die, eine	das, ein

Mehrzahl:	männlich, weiblich, sächlich
1. Fall, Werfall:	die
2. Fall, Wesfall:	der
3. Fall, Wemfall:	den
4. Fall, Wenfall:	die

2. **Das Fürwort** (Das Pronomen)

Es vertritt oder begleitet das Hauptwort.

Bestimmungsstücke: Art, Person, Geschlecht (nur bei der 3. Person), Zahl, Fall.

Arten:

a) **Persönliche Fürwörter** (Personalpronomen):
ich, du, er, sie, es; wir, ihr, sie und die Beugungsformen dieser Fürwörter.
Zu den persönlichen Fürwörtern zählen auch die **rückbezüglichen** Fürwörter (Reflexivpronomen):
mich, dich, sich, uns, euch, sich; mir, dir, uns, euch, sich; meiner, deiner, seiner, unser, euer, ihrer
und das **wechselbezügliche** Fürwort (reziprokes Pronomen):
einander.

b) **Besitzanzeigende Fürwörter** (Possessivpronomen):
mein, dein, sein, unser, euer, ihr und die Beugungsformen dieser Fürwörter.

c) **Hinweisende Fürwörter** (Demonstrativpronomen):
der, die, das; dieser, diese, dieses; jener, jene, jenes; derjenige, diejenige, dasjenige; selbst, selber; derselbe, dieselbe, dasselbe; solcher, solche, solches.

d) **Bezügliche Fürwörter** (Relativpronomen):
der, die, das, welcher, welche, welches; wer, was.

e) **Fragende Fürwörter** (Interrogativpronomen):
wer?, was?, welcher?, welche?, welches?, was für ein?

f) **Unbestimmte Fürwörter** (Indefinitpronomen):
alle, der andere, beide, einige, irgendeiner, irgendwer, irgendwas, ein paar, etliche, etwas, jeder, jedermann, jeglicher, jemand, niemand, kein, man, mancher, mehrere, nichts, sämtliche, viele, wenige.

Person, Zahl und Fall des Fürwortes richten sich nach dem Hauptwort, für das es steht. Einige unbestimmte Fürwörter (z. B. man) sind jedoch unveränderlich.

3. Das Zahlwort (Das Numerale)

begleitet das Hauptwort und bestimmt es mengenmäßig. In manchen Fällen vertritt es ein Hauptwort (Zahlpronomen).
Bestimmungsstücke: Art und (je nach Art und Gebrauch) Beugung.

Ihrer Funktion nach sind Zahlwörter

Eigenschaftswörter (Zahladjektive): null, eins, zwei, drei . . . ;

Fürwörter (Zahlpronomen): manche, viele, andere . . . ;

Umstandswörter (Zahladverbien): erstens, zweitens, dreimal, manchmal . . . ;

Hauptwörter (Nomen): (ein) Viertel, (die) Hälfte, Tausende, (ein) Dutzend u. a. m.

In manchen Grammatiken werden die „Zahlwörter" daher zu diesen Wortarten gerechnet.

Arten des Zahlwortes:

Grundzahlwörter (Kardinalien): null, eins, zwei, dreißig . . .

Ordnungszahlwörter (Ordinalien): der erste, zweite, fünfte . . .

Wiederholungszahlwörter: zweimal, dreimal, mehrmals, ein paarmal u. a. m.

Verteilungszahlwörter: je zwei, je sieben, je zweimal . . .

Vervielfältigungszahlwörter: einfach, zweifach, mehrfach, doppelt u. a. m.

Bruchzahlen werden durch Hauptwörter ausgedrückt:
(ein) Viertel, (ein) Drittel, (die) Hälfte u. a. m.

Man teilt die Zahlwörter auch in bestimmte und unbestimmte Zahlwörter ein.

Bestimmte Zahlwörter sind: eins, zwei, drei usw.

Unbestimmte Zahlwörter sind: allerlei, manche, mancherlei, vielerlei, viele, mehrere, andere, ein paar, ein paarmal, vielfach, mehrfach u. a. m.

Zwischen unbestimmten Zahlwörtern und unbestimmten Fürwörtern besteht keine scharfe Grenze.

Beugung

Nur wenige Zahlwörter werden gebeugt (vorwiegend schwach).
Schwankender Gebrauch: „zu zweien" oder „zu zweit", „zu dreien" oder zu „dritt".

F. Die Partikeln oder Lagewörter

Zu den Partikeln zählt man das Umstandswort, das Vorwort und das Bindewort.

1. Das Umstandswort (Das Adverb)

Das Umstandswort kennzeichnet im Satz die näheren Umstände (Ort, Zeit, Art, Grund).

a) **Umstände des Ortes:**
(Fragen: Wo? Wohin? Woher?)

hier, da, dort, oben, unten, draußen, vorn, hinten, nirgends, überall, links, rechts, innen, außen; hin, dahin, dorthin, aufwärts, abwärts, hinauf, hinunter, hinein, hinaus, nach links, nach rechts; her, hierher, von oben, von unten, herunter, herauf, von links, von drinnen . . .

b) **Umstände der Zeit:**
(Fragen: Wann? Wie lange? Seit wann? Bis wann? Wie oft?)

gestern, ehedem, ehemals, seinerzeit, vorhin, neuerlich, erneut, schon, jetzt, nun, eben, bald, dann, je, jemals, vorher, nachher, endlich, anfangs, stets, seither, immer, zeitlebens, fortan, noch, seitdem, oft, zeitweise, manchmal, dann und wann, wieder, zweimal . . .
(Manche Umstandswörter berühren sich mit den Zahlwörtern.)

c) **Umstände der Art und Weise:**
(Fragen: Wie geschieht etwas? Wie sehr? Womit?)

Umstände der Art und Weise kennzeichnen die Verhaltensbeschaffenheit, die Art und Weise, die Qualität, die Zahl, das Maß, die Menge, den Grad, die Stärke, die Art der Aussage, die Redeweise:

gern, anders, kopfüber, umsonst, vergebens, eilends, derart, gleicherweise, kurzerhand, bestens, etwas, mehr, meistens, minder, genug, erstens, zweitens . . . , zweimal, dreimal . . . , so, gar, sehr, zu, überaus, besonders, weitaus, allzu, vielleicht, schwerlich, vermutlich, wahrscheinlich, möglicherweise, wohl, sicherlich, bekanntlich, hoffentlich, etwa, nur, ja, nein, doch, wahrlich, durchaus, nicht, keineswegs, niemals, kaum, wenigstens, mindestens, höchstens, zwar, freilich, allerdings, fast, beinahe, noch, überdies, gleichfalls, sogar, übrigens, auch, vielmehr, eben, damit, hiemit, dadurch, hiedurch u. a. m.

d) **Umstände des Grundes:**

(Fragen: Warum? Weshalb? Wozu? Wodurch? Worüber? Unter welcher Bedingung? Mit welcher Einschränkung? Zu welchem Zweck?)

davon, darüber, deshalb, darum, deswegen, daher, mithin, folglich, schlimmstenfalls, gegebenenfalls, nötigenfalls, andernfalls, sonst, jedenfalls, gleichwohl, somit, dazu, dafür, hiefür, hierzu u. a. m.

Vergleichsformen:

Manche Umstandswörter bilden Vergleichsformen (wie die meisten Eigenschaftswörter):

wohl	–	besser	–	am besten
sehr	–	mehr	–	am meisten
gern	–	lieber	–	am liebsten
(Grundstufe)		(Mehrstufe)		(Meiststufe)

Als **Umstandsfürwörter** (Pronominaladverbien) werden Umstandswörter bezeichnet, die für die Fügung Vorwort + Fürwort stehen: damit, darauf, darin, worum, worin, womit, wozu, wonach u. a. m.

2. Das Vorwort (Verhältniswort, die Präposition)

Das Vorwort bringt Hauptwörter in eine bestimmte Lage oder Beziehung zu anderen Satzgliedern.

Bestimmungsstücke: Art, Fall.

a) **Vorwörter mit dem Wesfall:**

abseits, abzüglich, angesichts, anlässlich, anstatt, anstelle, aufgrund, außerhalb, beiderseits, bezüglich, diesseits, eingangs, einschließlich, hinsichtlich, infolge, inmitten, innerhalb, jenseits, statt, längs, unbeschadet, trotz, ungeachtet, während, wegen, zufolge u. a. m.

b) **Vorwörter mit dem Wemfall:**
ab, aus, außer, bei, dank, entgegen, gegenüber, gemäß, mit, nach, samt, von, zu u. a. m.

c) **Vorwörter mit dem Wes- und Wemfall** (schwankender Gebrauch):
längs, trotz, zufolge, entlang, unweit, dank, innerhalb, binnen, laut.

d) **Vorwörter mit dem Wenfall:**
durch, für, gegen, ohne, um, wider.

e) **Vorwörter mit dem Wem- oder Wenfall** (schwankender Gebrauch):
an, auf, hinter, in, neben, über, unter, vor, zwischen.

3. Das Bindewort (Konjunktion)

Die Bindewörter verbinden Satzteile oder Sätze miteinander. Zwischen dem Hauptsatz und dem Nebensatz stehen u n t e r o r d n e n d e Bindewörter; zwischen Hauptsätzen oder zwischen Satzgliedern n e b e n o r d n e n d e Bindewörter.

Arten der Bindewörter:

a) **anreihende (kopulative) Bindewörter:**
nur nebenordnend verwendet:
und, auch, wie, sowie, außerdem, zudem, dazu, überdies, desgleichen, dann, ferner, weiter, ja, hernach, zuletzt, endlich, erstens, zweitens . . . , sowohl – als auch, weder – noch, nicht nur – sondern auch, bald – bald, teils – teils, erst – dann, halb – halb, zum einen – zum andern, einerseits – anderseits.

b) **ausschließende (disjunktive) Bindewörter:**
nur nebenordnend verwendet:
oder, entweder – oder, sonst, andernfalls.

c) **entgegensetzende (adversative) Bindewörter:**
nebenordnend verwendet:
aber, allein, doch, jedoch, allerdings, dennoch, dagegen, hingegen, freilich, indes, indessen, gleichwohl, vielmehr, nur, nichtsdestoweniger, sondern;

auch unterordnend verwendet:
während.

d) **zeitliche (temporale) Bindewörter:**
nur unterordnend verwendet:
während, indem, indessen, solange, sooft, als, wie, wenn, nun, nachdem, sobald, seit, seitdem, bis, bevor, ehe.

e) **die Art und Weise bestimmende (modale) Bindewörter:**
nebenordnend verwendet:
so – wie, also, ebenso, genauso, wie, als, umso, desto, insofern, soweit, geschweige, geradezu;
unterordnend verwendet:
indem, wie, gleichwie, sowie, als, als ob, als wenn, wie wenn, desto, je – umso, inwiefern, soviel, nur dass, ohne dass, geschweige dass, kaum dass, statt dass.

f) **begründende (kausale) Bindewörter:**
nebenordnend verwendet:
denn, nämlich, ja, doch, also, folglich, infolgedessen, mithin, somit, sonach, demnach, daher, darum, deswegen, deshalb, dazu, darum, sonst, andernfalls, zwar – aber (doch, allein), trotzdem;
unterordnend verwendet:
weil, da, zumal, nun, dass, sodass, als dass, damit, wenn, falls, sofern, obgleich, obwohl, ob, obschon, obzwar, wenngleich, wiewohl, trotzdem, ungeachtet, dadurch, wennschon.

G. Das Ausrufwort

(Die Interjektion)

Ausrufwörter drücken ohne sprachliche Formung Empfindungen, Begehren, Aufforderungen, Tierlaute und andere Laute aus. Die Interjektion ist keine Wortart im eigentlichen Sinne.

Sie steht zumeist außerhalb des Satzverbandes:
au, auweh, oh, hu, ah, brr, puh, äh, pfui, juhu, hurra, hie, heissa, juchhe, haha, hihi, ei ei, eia, ach, oh weh, oje, ätsch, ach was, topp, aha, hm, na na, heda, hallo, pst, husch, muh, mäh, wau wau, kikeriki, tirili, ticktack, trara, krach, schwups, plumps, klirr, trapp trapp, miau u. a. m.

Aufgaben

(Die Lösungen findest du auf den Seiten 60–119)

So sollst du üben!

Auf den Seiten 54 bis 59 findest zu zusammenhängende Texte. Jeder dieser Texte besteht aus Sätzen und Wörtern, die du näher bestimmen sollst.

Im Einzelnen ergeben sich folgende Aufgaben:

1. **Bestimme den Satzbau** mit Hilfe der Übersichten im ersten Teil des Buches (S. 9 bis 29).

Stelle fest, ob es sich um einen einfachen Satz oder um einen zusammengesetzten Satz handelt, um ein Satzgefüge oder um eine Satzverbindung.
Bezeichne die Art der Satzverbindung oder des Satzgefüges. Stelle den Hauptsatz und die Nebensätze fest, benenne die Art der Nebensätze und der satzwertigen Wortgruppen.

Zeichne ein Satzbild durch einfache Striche:

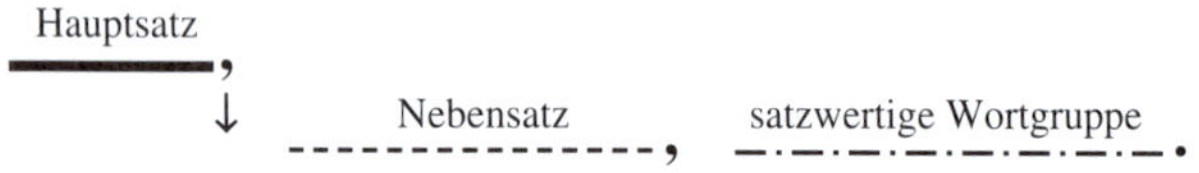

Nebensätze zweiten Grades zeichne der Übersichtlichkeit wegen eine Zeile tiefer:

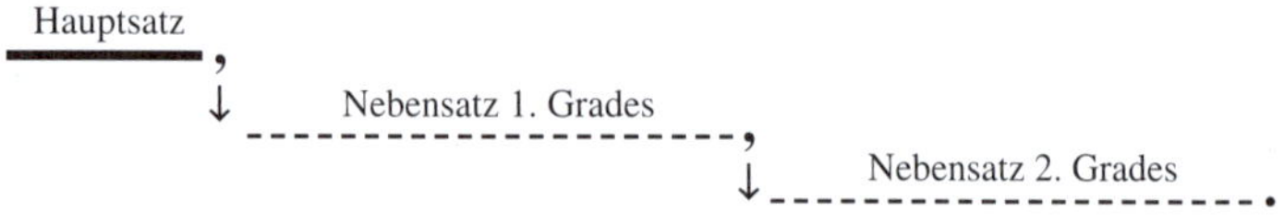

Zuletzt vergleiche das Ergebnis mit den Lösungen im zweiten Teil des Buches (Seite 60 bis 108). Um die Lösungen besser zu finden, wurden die Sätze nummeriert: 7/3 bedeutet: Text Nummer 7, Satz Nummer 3.

2. Bestimme die Satzglieder und die Gliedteile jedes Hauptsatzes mit Hilfe der Übersichten über die Grammatik im ersten Teil des Buches. Bediene dich dabei auch der „Verschiebeprobe“ (siehe Seite 9).

Schreib jeden Satz übersichtlich auf und vermerke die Bezeichnung des Satzgliedes darunter.

Beispiel:

verbale Klammer

An der Donau	ist	Österreichs Hauptstadt	entstanden.
(Ortsangabe)	(Satz-aussage)	(Satzgegenstand mit Beifügung)	(2. Teil der Satzaussage)

Anschließend vergleiche deine Lösungen mit jenen im Buch. Versuche deine Fehler zu begründen.

Sieh im Lösungsteil des Buches jedoch erst nach, nachdem du die Aufgabe selbst gelöst hast!

3. Bestimme die Grundform des Satzes mit Hilfe der Abstrichmethode.

Wir bedienen uns beim Sprechen in den meisten Fällen einiger weniger Grundmodelle von Sätzen, die Grundformen genannt werden. Diese Grundformen können mit Hilfe der Abstrichmethode unschwer festgestellt werden.

Dabei werden alle entbehrlichen, für den Satzsinn nicht notwendigen Satzteile (die so genannten „freien“ Satzglieder) weggestrichen. Was bleibt, ist die Grundform des Satzes.

Streicht man auch sinnnotwendige Teile weg, geht der Zusammenhang des Satzes verloren.

1. Beispiel:

Auf den Schrei hin eilte die Mutter in das Zimmer.
Die freie Begründungsangabe „Auf den Schrei hin“ ist entbehrlich, die Grundform lautet daher: Die Mutter eilte in das Zimmer.

„ . . . in das Zimmer“ dagegen ist eine sinnnotwendige Umstandsangabe (eine Ortsergänzung), die nicht weggelassen werden darf, weil „die Mutter eilte“ allein keinen Sinn mehr ergibt. Das Zeitwort „eilte“ verlangt nach einer Sinnergänzung.

2. Beispiel:

Bei vielen Flugaufträgen muss der Astronaut sein Raumschiff verlassen, *etwa bei der Landung auf dem Mond, bei der Reparatur des Raumschiffes, beim Ausbau einer Raumstation.*

Die Grundform dieses Satzes lautet:

Der Astronaut muss sein Raumschiff verlassen.

Alle übrigen Satzglieder können weggestrichen werden, sie sind nur Ausbaustücke des Satzes (freie Satzglieder).

Weggestrichen können fast ausnahmslos nur Umstandsangaben werden (die so genannten „freien“ Umstandsangaben).

Auch die Abstrichmethode lässt manchmal Zweifelsfälle offen, aber das versteht sich bei dem lebendigen Charakter der Sprache von selbst.

Streiche nach jeder Satzanalyse ebenfalls die nicht notwendigen Satzglieder weg und vergleiche dann dein Ergebnis mit der Lösung im Buch.

4. Bestimme die Wörter in den Texten Nr. 1, 2, und 3 und vergleiche dann dein Ergebnis mit den Lösungen im Buch (siehe Seite 109 ff.).

Im Einzelnen kannst du feststellen:

beim Zeitwort: Art, Person, Zahl, Zeit, Verhaltensrichtung, Form, Aussageweise, Abwandlung.

beim Hauptwort: Art, Geschlecht, Zahl, Fall, Beugung;

beim Eigenschaftswort: (je nach Gebrauch)

a) als Beifügung: Geschlecht, Zahl und Fall, Vergleichsform, Beugung;

b) als Artangabe: Vergleichsform;

beim Geschlechtswort: Art, Geschlecht, Zahl, Fall;

beim Fürwort: Art (bei manchen Fürwörtern auch Person, Geschlecht, Zahl, Fall);

beim Zahlwort: Art (bei manchen Zahlwörtern, je nach Gebrauch, auch Geschlecht, Zahl und Fall);

beim Umstandswort: Art (bei manchen Umstandswörtern auch die Vergleichsform),

beim Vorwort: Art, Fall;

beim Bindewort: Art;

beim Ausrufwort: Art.

Texte für Satz- und Wortanalysen

(Die Lösungen findest du auf den Seiten 60 bis 119!)

1 Österreich

1. Österreich liegt im südlichen Mitteleuropa, es ist dem Mittelmeerraum benachbart. 2. Es ist ein wichtiges Durchgangsland. 3. Hier führen die Wege vom Herzen des Erdteiles nach der Apenninenhalbinsel und nach Südosteuropa. 4. Wegen der Ostalpen müssen die meisten Verkehrslinien Pässe überschreiten. 5. Dem Alpennordrand folgt der Donauweg. 6. Er ist eine der bedeutendsten europäischen West-Ost-Verbindungen. 7. An der Donau ist auch Österreichs Hauptstadt Wien entstanden. 8. Österreich ist ebenso ein Alpen- wie ein Donaustaat, ein „Land der Berge" wie ein „Land am Strome".

2 Österreich ist ein Industriestaat

1. Industrie und Gewerbe beschäftigen mehr Arbeitskräfte als die Landwirtschaft. 2. Erdöl, Eisenerz und Holz sind einige der wichtigsten heimischen Rohstoffe. 3. Viele andere sowie ein kleiner Teil der Lebensmittel müssen eingeführt werden. 4. Österreich verkauft Industriewaren nach allen Teilen der Erde. 5. Der Erlös daraus und die Einkünfte aus dem Fremdenverkehr ermöglichen die nötigen Einfuhren. 6. Die Pracht des Hochgebirges, die Anmut der Hügelländer und die Seen haben dieses Land zu einem bevorzugten Reiseland gemacht. 7. Gäste aus allen Ländern besuchen die österreichischen Kunststätten, Theater und Festspiele. 8. Tausende Ausländer studieren an Österreichs Hochschulen. 9. Auf Österreichs Boden lernen sie einander und ihre Gastgeber immer besser kennen. 10. So kann ein kleines Land seinen Beitrag zur Völkerverständigung leisten.

3 Im Salzburger Alpenzoo[1] gibt es Steinböcke

1. In der Felswand des Steinbockgeheges stehen auf schmalem Grat zwei Steinböcke einander gegenüber. 2. Sie starren einander

[1] Zoo = Tiergarten

minutenlang still an. 3. Plötzlich reißen sie gleichzeitig ihre massigen Vorderkörper nach oben, stehen einen Augenblick hoch aufgerichtet nur auf den Hinterbeinen und lassen sich ebenso auf den anderen zufallen. 4. Dabei krachen sie hart und laut knallend mit den Hörnern aufeinander, verharren einen Augenblick, weichen zurück und reißen ihren Körper erneut hoch. 5. Wieder dröhnt es dumpf durch den Garten. 6. Wir sind Zeugen eines Rivalenkampfes unter Steinböcken geworden. 7. Auf diese Weise können die Männchen noch stundenlang erproben, wer mehr Standfestigkeit hat. 8. Es ist ein Kampf, bei dem der Zähere ebenso gut siegen kann wie der Massigere, dem sein Gewicht zu Hilfe kommt.

4 Der Wettersegen

1. Ohne Regen gibt es auf unserer Erde kein Leben. 2. Kein Same kann keimen, wenn er in dürrem Boden liegt. 3. Ohne Wasser welken die Pflanzen, lassen die Blätter schlaff herabhängen, sinken um und verdorren. 4. Wenn Wiesen und Äcker nicht zur rechten Zeit gründlich nass werden, gibt es nur wenig Heu für das Vieh, die Ähren tragen nur dürftiges Korn, Kartoffeln und Rüben bleiben klein. 5. „Es regnet, Gott segnet", das ist ein guter alter Bauernspruch.

5 Jetzt reicht's mir aber! (Schüleraufsatz)

1. Mein Bruder ist sehr kitzelig. 2. Um ihn zu ärgern(,) benütze ich natürlich jede Gelegenheit(,) ihn zu stupsen. 3. Er wird dann recht zornig(,) und es gibt meist einen Ringkampf, bei dem ich der Sieger bleibe. 4. Als er vor einigen Tagen seine Aufgaben machte, ging ihm plötzlich die Tinte aus. 5. Er schraubte die Kappe seines Füllfederhalters ab und hielt ihn ins Tintenglas. 6. Damit war er so beschäftigt, dass er gar nicht merkte, wie ich leise von hinten herankam und ihm mit beiden Händen unter die Achseln griff. 7. Wie von einer Tarantel gestochen fuhr er herum(,) um mir eine auszuwischen. 8. Dabei aber schmiss er das Tintenglas um(,) und die schwarze Flüssigkeit ergoss sich auf den Fußboden. 9. Auf den Schrei hin, den er dabei ausstieß, eilte meine Mutter ins Zimmer.

10. „Jetzt reicht's mir aber!", rief sie voll Empörung aus, als sie die Bescherung sah, und gab jedem eine kräftige Ohrfeige.

11. Wir nahmen aus unseren Heften alle Löschblätter heraus und versuchten(,) damit die Tinte aufzusaugen. 12. Dabei wagten wir kein Wort zu sprechen.

6 Mein Kranich

1. Als ich ein Kind war, hatte ich einen Kranich. 2. Wir erwachten, wenn die Sonne aufging, und begrüßten einander, wie zwei Brüder einander begrüßen. 3. Dann ging ich zum See, wo das Boot lag, holte die Netze ein und brachte die Aale für ihn heim. 4. Er nahm sie aus meiner Hand wie ein Kind. 5. Am schönsten aber war es um die Mittagsstunde. 6. Ich lag zwischen den Booten und rief nach meinem Vogel. 7. Er kam und spielte mit meinen Schuhen, meinen Knöpfen, meinen Haaren. 8. Dann ließ er sich in die Knie sinken. 9. Noch einmal hob sich sein schwarzer Hals, als liege er auf dem Moor und müsse nach seinen Feinden sehen. 10. Dann legte er sich nieder, dass sein Leib zwischen meinem Arm und meinem Herzen lag(,) und verbarg seinen Kopf an meiner Brust. 11. Ein leise träumender Laut kam unaufhörlich aus seiner Kehle.

12. Lange lagen wir so, ein glückliches Paar. 13. Die Beeren leuchteten in der Sommersonne, über uns summten die Bienen(,) und der Pirol rief aus dem Walde.

(Ernst Wiechert)

7 Der Raumanzug des Astronauten[1]

1. Wohl das wichtigste Ausrüstungsstück des Astronauten ist der Raumanzug. 2. Sobald er die Lufthülle der Erde verlässt, befindet sich der Raumfahrer in einer Umgebung, die ihm nicht die notwendigen Umweltbedingungen bietet, die ihm feindlich gesinnt ist. 3. Im Weltraum kann der Mensch normalerweise nicht leben. 4. Er muss also, wenn er die Erde verlässt, seine eigene kleine Welt mitnehmen, die ihn schützt, in der er weiterleben kann. 5. An sich

[1] Raumfahrer

bietet die Raumkabine den benötigten Schutz. 6. Es ist jedoch leicht möglich, dass das Raumfahrzeug unterwegs beschädigt wird und den Astronauten zeitweilig oder für den ganzen Flug den tödlichen Gefahren des Weltraums aussetzt. 7. Bei vielen Flugaufträgen muss der Astronaut sein Raumschiff verlassen, etwa bei der Landung auf dem Mond oder auf einem Planeten[1], bei einer Reparatur des Raumschiffes, beim Zusammenbau einer Raumstation.

8. In allen diesen Fällen verlässt er den Schutz seines Fahrzeuges und muss eine Hülle mitnehmen, die ihn ebenfalls zuverlässig schützt.

8 Wir machen Besuch

1. Besuche dienen der Vertiefung der menschlichen Beziehungen. 2. Wenn wir einen Besuch machen, dann wollen wir bei dem Gastgeber einen guten Eindruck hinterlassen. 3. Wird man zu einem Besuch mit fester Zeitangabe eingeladen, dann setzt man den Gastgeber so bald wie möglich davon in Kenntnis, ob man die Einladung annimmt, damit er sich rechtzeitig auf den Besuch einstellen kann. 4. Entschließt man sich zu einem Besuch(,) ohne eine direkte Einladung bekommen zu haben, dann wählt man eine Zeit, in der man voraussichtlich nicht ungelegen kommt. 5. Eine vorherige Ankündigung wird immer willkommen sein. 6. Die günstigste Tageszeit ist im Allgemeinen der späte Nachmittag. 7. Niemals sollte man unangesagt knapp vor den Mahlzeiten eintreffen. 8. Auch gibt es gewisse Festtage, an denen es nicht üblich ist(,) Besuche zu machen; das ist der Weihnachtstag, der Karfreitag, der Ostersonntag, der Pfingstsonntag, der Allerheiligentag und der Allerseelentag. 9. Dagegen gelten Ostermontag, Pfingstmontag, Stephanitag sowie der Tag des Kirchweihfestes als gebräuchliche Besuchstage.

9 Das Meer

1. Die gewaltigen Wassermassen der Ozeane sind nicht so gleichartig, wie es scheinen mag. 2. Im Norden und im tiefen Süden sind

[1] Himmelskörper, der um die Sonne kreist

die Meere kalt oder oft mit Eisschollen bedeckt; in den Tropen dagegen ist die See warm wie eine überheizte Stube. 3. Ruhig ist das Meer nie. 4. Nicht nur Wind und Sturm treiben Wellen vor sich her, das verschieden warme Wasser und die Umdrehung der Erde erzeugen Strömungen, die über Tausende von Kilometern sich auswirken.

5. Die Wärme hat das Meer von der Sonne.

6. Viel wichtiger als die Wärme der Sonne ist für das Leben im Meer ihr Licht, denn nur im Licht können Pflanzen gedeihen(,) und nur wo Pflanzen sind, können auch Tiere leben.

7. Wir dürfen bei den Meerespflanzen nicht an Gewächse denken, wie wir sie vom Land her kennen. 8. Die meisten Pflanzen des Salzwassers sind so klein, dass man sie nur unter dem Mikroskop erkennen kann. 9. Sie brauchen aber, genau wie die Pflanzen auf dem Land, Licht(,) um zu wachsen und sich zu vermehren. 10. In fünfzig Meter Tiefe jedoch ist nicht mehr genügend Licht; darum hört hier das Pflanzenleben auf.

10 Richtiges Würzen ist eine Kunst

1. Wenn die Suppe versalzen ist, sagt der Volksmund, dass die Köchin verliebt sei, und meint, dass ihre Gedanken woanders weilten, solange sie die Suppe würzte. 2. Das rechte Gewürz(,) in der richtigen Menge verwendet(,) steigert den Wohlgeschmack der Speisen, vermag das einfachste Gericht zu einem Leckerbissen zu machen. 3. Wenn das Gewürz jedoch den Eigengeschmack der Speise überdeckt, ist das Gegenteil erreicht. 4. Manche ausländische Gewürze sind außerdem der Gesundheit nicht sehr zuträglich; deshalb wollen wir sie sparsam verwenden.

5. Unsere heimischen Gewürzkräuter sind ein Schatz für die Küche. 6. Bei ihnen können wir herzhafter zugreifen; frisch verwendet(,) erhöhen sie den Vitamingehalt unserer Speisen.

11 Wien vor 1914

1. In kaum einer anderen Stadt Europas war der Drang zum Kulturellen so leidenschaftlich wie in Wien. 2. Gerade weil die Monar-

chie und Österreich seit Jahrhunderten weder politisch ambitioniert[1] noch in seinen militärischen Unternehmungen besonders erfolgreich gewesen ist, hatte sich der heimatliche Stolz am stärksten dem Wunsche einer künstlerischen Vorherrschaft zugewandt. 3. Von dem alten Habsburgerreich, das einmal Europa beherrschte, waren längst wichtigste und wertvollste Landesteile abgefallen, deutsche und italienische, flandrische und wallonische. 4. Unversehrt in ihrem alten Glanz war die Hauptstadt geblieben, der Hort des Hofes, die Wahrerin einer tausendjährigen Überlieferung. 5. Die Römer hatten die ersten Steine dieser Stadt aufgerichtet; hier waren die Nibelungen gefahren, hier hatte das unsterbliche Siebengestirn der Musik auf die Welt geleuchtet, Gluck, Haydn und Mozart, Beethoven, Schubert, Brahms und Johann Strauß, hier waren alle Ströme europäischer Kultur zusammengeflossen. 6. Am Hofe, im Adel, im Volk war das Deutsche dem Slawischen, dem Ungarischen, dem Spanischen, dem Italienischen, dem Französischen, dem Flandrischen im Blute verbunden(,) und es war das eigentliche Genie dieser Stadt der Musik(,) alle diese Gegensätze harmonisch aufzulösen in ein Neues und Eigenartiges, in das Österreichische, in das Wienerische.

(Nach Stefan Zweig)

12 Freundschaft mit den Voralpen

1. Den Voralpen fehlt manches, was ihre stolzen, höheren Nachbarn auszeichnet. 2. Sie sind im großen Landschaftshaushalt der arbeitsame, nach außen hin wenig auffällige Mittelstand. 3. Sie besitzen keine wolkennahen Felsburgen, keine schimmernden, unfruchtbaren Eispaläste. 4. Ihre Felsen bergen die Füße unter waldigen Teppichen und ziehen sich gerne eine kleinbürgerliche Waldhaube über den Scheitel. 5. Aber ragen ihre Gipfel auch nicht so hoch an die Gestirne heran, so sind sie dafür auch nicht so feierlich stumm und können mit Baumkronen und Singvögeln jene heimlichen guten Worte raunen, nach denen eine geängstigte Seele verlangt.

(Franz Nabl)

---

[1] nach politischen Erfolgen strebend

Lösungen der Aufgaben

100 Satzanalysen

Im Folgenden wurden nur Hauptsätze analysiert, da die Nebensätze (Gliedsätze, Beifügesätze) in der Rolle von Satzgliedern oder Gliedteilen stehen und damit in weiterem Sinne Teile des Hauptsatzes sind. Man kann aber auch Nebensätze und satzwertige Wortgruppen analysieren. Jeder Nebensatz hat ebenfalls einen Satzgegenstand und eine Satzaussage; bei satzwertigen Wortgruppen fehlt gewöhnlich der Satzgegenstand und das einleitende Bindewort.

Die nachstehend verwendeten Abkürzungen für die Satzglieder werden auf der Seite 120 erklärt.

1/1 Österreich liegt im südlichen Mitteleuropa, es ist dem Mittelmeerraum benachbart.

Satzbild: Anreihende Satzverbindung (zwei Hauptsätze):

1. Hauptsatz ______ , 2. Hauptsatz ______ .

Satzanalyse:

1. Hauptsatz:

Österreich liegt im (südlichen) Mitteleuropa,

Sg. Sa. Ortserg. (mit Bfg.)

2. Hauptsatz:

verbale Klammer (ist … benachbart)

es ist dem Mittelmeerraum benachbart.

Sg. Sa. Erg. 3. Sa.

Grundformen: wie oben.

1/2 Es ist ein wichtiges Durchgangsland.

Satzbild:

Hauptsatz ______ .

Satzanalyse:

Es ist ein (wichtiges) Durchgangsland.
Sg. Sa. Gleichsetzungsglied im 1. Fall (mit Bfg.)

Grundform: wie oben.

1/3 Hier führen die Wege vom Herzen des Erdteils nach der Apenninenhalbinsel und nach Südosteuropa.

Satzbild:

Hauptsatz

———— .

Satzanalyse:

Hier führen die Wege vom Herzen (des Erdteils) nach der
freie Ortsang. Sa. Sg. freie Ortsang. (mit Bfg.)

Apenninenhalbinsel und nach Südosteuropa.
2 Ortsergänzungen

Grundform: Die Wege führen nach der Apenninenhalbinsel und nach Südosteuropa.

1/4 Wegen der Ostalpen müssen die meisten Verkehrslinien Pässe überschreiten.

Satzbild:

Hauptsatz

———— .

Satzanalyse:

verbale Klammer

Wegen der Ostalpen müssen die (meisten) Verkehrslinien Pässe
freie Begr.-Ang. Sa. Sg. (mit Bfg.) Erg. 4.

überschreiten.
Sa.

Grundform: Die meisten Verkehrslinien müssen Pässe überschreiten.

1/5 Dem Alpennordrand folgt der Donauweg.

Satzbild:

Hauptsatz

Satzanalyse:

Dem Alpennordrand	folgt	der Donauweg.
Erg. 3.	Sa.	Sg.

Grundform: wie oben.

1/6 Er ist eine der bedeutendsten europäischen West-Ost-Verbindungen.

Satzbild:

Hauptsatz

Satzanalyse:

Er	ist	eine der (bedeutendsten europäischen) West-Ost-Verbindungen.
Sg.	Sa.	Gleichsetzungsglied im 1. Fall (mit zwei Bfg.)

Grundform: wie oben.

1/7 An der Donau ist auch Österreichs Hauptstadt Wien entstanden.

Satzbild:

Hauptsatz

Satzanalyse:

verbale Klammer (ist … entstanden)

An der Donau	ist	auch	(Österreichs Hauptstadt) Wien	entstanden.
Ortserg.	Sa.		Sg. (mit 2. Bfg.)	Sa.

Grundform: wie oben.

1/8 Österreich ist ebenso ein Alpen- wie ein Donaustaat, ein „Land der Berge“ wie ein „Land am Strome“.

Satzbild:

Hauptsatz

Satzanalyse:

Österreich ist ebenso ein Alpen- wie ein Donaustaat, ein „Land

Sg. Sa. 1. und 2. Gleichsetzungsglied im 1. Fall

der Berge“ wie ein „Land am Strome“.

3. und 4. Gleichsetzungsglied im 1. Fall

Grundform: wie oben.

2/1 Industrie und Gewerbe beschäftigen mehr Arbeitskräfte als die Landwirtschaft.

Satzbild:

Hauptsatz

Satzanalyse:

Industrie und Gewerbe beschäftigen

2 Sg. Sa.

(mehr) Arbeitskräfte (als die Landwirtschaft).

Erg. im 4. Fall (mit 2 Bfg.)

Grundform: wie oben.

2/2 Erdöl, Eisenerz und Holz sind einige der wichtigsten heimischen Rohstoffe.

Satzbild:

Hauptsatz

Satzanalyse:

Erdöl, Eisenerz und Holz sind (einige der wichtigsten heimischen)

3 Sg. Sa. Gleichsetzungsglied im 1. Fall (mit Beifügungen)

Rohstoffe.

Grundform: wie oben.

2/3 Viele andere sowie ein kleiner Teil der Lebensmittel müssen eingeführt werden.

Satzbild:

Hauptsatz

Satzanalyse:

(Viele) andere sowie (ein kleiner Teil der) Lebensmittel
2 Sg. (mit Beifügungen)

müssen eingeführt werden.
Sa.

Grundform: wie oben.

2/4 Österreich verkauft Industriewaren nach allen Teilen der Erde.

Satzbild:

Hauptsatz

Satzanalyse:

Österreich verkauft Industriewaren nach (allen) Teilen (der Erde).
Sg. Sa. Erg. 4. freie Ortsang. (mit Beifügungen)

Grundform: Österreich verkauft Industriewaren.

2/5 Der Erlös daraus und die Einkünfte aus dem Fremdenverkehr ermöglichen die nötigen Einfuhren.

Satzbild:

Hauptsatz

Satzanalyse:
Der Erlös (daraus) und die Einkünfte (aus dem Fremdenverkehr)
1. Sg. (mit Bfg.) 2. Sg. (mit Bfg.)

ermöglichen die (nötigen) Einfuhren.
Sa. Erg. 4. (mit Bfg.)

Grundform: wie oben.

2/6 Die Pracht des Hochgebirges, die Anmut der Hügelländer und die Seen haben dieses Land zu einem bevorzugten Reiseland gemacht.

Satzbild:

Hauptsatz
———————— .

Satzanalyse:

Die Pracht (des Hochgebirges), die Anmut (der Hügelländer)
1. Sg. (mit Bfg.) 2. Sg. (mit Bfg.)

verbale Klammer

und die Seen haben (dieses) Land zu einem (bevorzugten) Reiseland
3. Sg. Sa. Erg. 4. (mit Bfg). Vorworterg. 3. (mit Bfg.)

gemacht.
Sa.

Grundform: wie oben.

2/7 Gäste aus allen Ländern besuchen die österreichischen Kunststätten, Theater und Festspiele.

Satzbild:

Hauptsatz
———————— .

Satzanalyse:

Gäste (aus allen Ländern) besuchen die (österreichischen) Kunst-
Sg. (mit Bfg.) Sa. 3 Erg. 4. (mit Beifügung)

stätten, Theater und Festspiele.

Grundform: wie oben.

2/8 Tausende Ausländer studieren an Österreichs Hochschulen.

Satzbild:

Hauptsatz
———————— .

Satzanalyse:

(Tausende) Ausländer studieren an (Österreichs) Hochschulen.
Sg. (mit Bfg.) Sa. freie Ortsang. (mit Bfg.)

Grundform: Tausende Ausländer studieren.

2/9 Auf Österreichs Boden lernen sie einander und ihre Gastgeber immer besser kennen.

Satzbild:

Hauptsatz

Satzanalyse:

verbale Klammer

Auf (Österreichs) Boden lernen sie einander und (ihre) Gastgeber
freie Ortsang. (mit Bfg.) Sa. Sg. 2 Erg. 4. (mit Bfg.)

(immer) besser kennen.
freie Artang. (mit Bfg.) Sa.

Grundform: Sie lernen einander und ihre Gastgeber kennen.

2/10 So kann ein kleines Land seinen Beitrag zur Völkerverständigung leisten.

Satzbild:

Hauptsatz

Satzanalyse:

verbale Klammer

So kann ein (kleines) Land (seinen) Beitrag (zur Völkerverstän-
freie Artang. Sa. Sg. (mit Bfg.) Erg. 4. (mit 2 Bfg.)

digung) leisten.
Sa.

G r u n d f o r m : Ein kleines Land kann seinen Beitrag zur Völkerverständigung leisten.

3/1 In der Felswand des Steinbockgeheges stehen auf schmalem Grat zwei Steinböcke einander gegenüber.

S a t z b i l d :

Hauptsatz

S a t z a n a l y s e :

verbale Klammer

In der Felswand (des Steinbockgeheges) stehen auf (schmalem) Grat
freie Ortsang. (mit Bfg.) Sa. freie Ortsang. (m. Bfg.)

(zwei) Steinböcke einander gegenüber.
Sg. (mit Bfg.) Erg. 3. Sa.

G r u n d f o r m : Zwei Steinböcke stehen einander gegenüber.

3/2 Sie starren einander minutenlang still an.

S a t z b i l d :

Hauptsatz

S a t z a n a l y s e :

verbale Klammer

Sie	starren	einander	minutenlang	still	an.
Sg.	Sa.	Erg. 4.	freie Zeitang.	freie Artang.	Sa.

G r u n d f o r m : Sie starren einander an.

3/3 Plötzlich reißen sie gleichzeitig ihre massigen Vorderkörper nach oben, stehen einen Augenblick hoch aufgerichtet nur auf den Hinterbeinen und lassen sich ebenso auf den anderen zufallen.

Satzbild:

Hauptsatz

Satzanalyse:

Plötzlich reißen sie gleichzeitig ihre (massigen) Vorderkörper
freie Zeitang. 1. Sa. Sg. freie Zeitang. Erg. 4. (mit Bfg.)

nach oben, stehen einen Augenblick hoch aufgerichtet
Ortserg. 2. Sa. freie Zeitang. freie Artang.

verbale Klammer

nur auf den Hinterbeinen und lassen sich ebenso
Arterg. 3. Sa. freie Artang.

auf den anderen zufallen.
Ortserg. 3. Sa.

Grundform: Sie reißen ihre massigen Vorderkörper nach oben, stehen nur auf den Hinterbeinen und lassen sich auf den anderen zufallen.

3/4 Dabei krachen sie hart und laut knallend mit den Hörnern aufeinander, verharren einen Augenblick, weichen zurück und reißen ihren Körper erneut hoch.

Satzbild:

Hauptsatz

Satzanalyse:

verbale Klammer

Dabei krachen sie hart und laut knallend mit den Hörnern
freie Zeitang. 1. Sa. Sg. freie Artang. Vorworterg. 3.

aufeinander, verharren einen Augenblick,
1. Sa. 2. Sa. freie Zeitang.

verbale Klammer

weichen zurück und reißen (ihren) Körper erneut hoch.

3. Sa. | 4. Sa. | Erg. 4. (m. Bfg.) | freie Zeitang. | 4. Sa.

Grundform: Sie krachen mit den Hörnern aufeinander, verharren, weichen zurück und reißen ihren Körper hoch.

3/5 Wieder dröhnt es dumpf durch den Garten.

Satzbild:

Hauptsatz

Satzanalyse:

Wieder dröhnt es dumpf durch den Garten.

freie Zeitang. | Sa. | Sg. | freie Artang. | freie Ortsang.

Grundform: Es dröhnt.

3/6 Wir sind Zeugen eines Rivalenkampfes unter Steinböcken geworden.

Satzbild:

Hauptsatz

Satzanalyse:

verbale Klammer

Wir sind Zeugen (eines Rivalenkampfes unter Steinböcken)

Sg. | Sa. | Gleichsetzungsglied im 1. Fall (mit Bfg.)

geworden.

Sa.

Grundform: wie oben.

3/7 Auf diese Weise können die Männchen noch stundenlang erproben, wer mehr Standfestigkeit hat.

S a t z b i l d: Satzgefüge

Hauptsatz
▬▬▬▬▬▬▬▬,
↓ Gliedsatz (Ergänzungssatz)
- -.

A n a l y s e d e s H a u p t s a t z e s:

verbale Klammer (können … erproben)

Auf diese Weise	können	die Männchen	noch stundenlang
freie Artang.	Sa.	Sg.	freie Zeitang.

erproben,
Sa.

G r u n d f o r m: Die Männchen können (die Standfestigkeit) erproben.

3/8 Es ist ein Kampf, bei dem der Zähere ebenso gut siegen kann wie der Massigere, dem sein Gewicht zu Hilfe kommt.

S a t z b i l d: Satzgefüge mit Gliedsätzen verschiedenen Grades

Hauptsatz
▬▬▬▬▬▬,
↓ Nebensatz 1. Gr. (Beifügesatz)
- -,
↓ Nebensatz 2. Gr. (Beifügesatz)
- -.

A n a l y s e d e s H a u p t s a t z e s:

Es	ist	ein Kampf,
Sg.	Sa.	Gleichsetzungsglied im 1. F.

G r u n d f o r m: wie Hauptsatz.

4/1 Ohne Regen gibt es auf unserer Erde kein Leben.

S a t z b i l d:

Hauptsatz
▬▬▬▬▬▬▬▬.

S a t z a n a l y s e :

Ohne Regen	gibt	es	auf (unserer) Erde	(kein) Leben.
Vorworterg. im 4. F.	Sa.	Sg.	freie Ortsang. (mit Bfg.)	Erg. 4. (mit Bfg.)

G r u n d f o r m : Ohne Regen gibt es kein Leben.

4/2 Kein Same kann keimen, wenn er in dürrem Boden liegt.

S a t z b i l d : Satzgefüge

Hauptsatz

———————————,

↓ Gliedsatz (Bedingungssatz)

- .

A n a l y s e d e s H a u p t s a t z e s :

(Kein) Same	kann keimen,
Sg. (mit Bfg.)	Sa.

G r u n d f o r m : wie Hauptsatz

4/3 Ohne Wasser welken die Pflanzen, lassen die Blätter schlaff herabhängen, sinken um und verdorren.

S a t z b i l d :

Hauptsatz

———————————.

S a t z a n a l y s e :

Ohne Wasser	welken	die Pflanzen,
Vorworterg. 4.	1. Sa.	Sg.

verbale Klammer (lassen … herabhängen)

lassen	die Blätter	schlaff	herabhängen,	sinken um	und verdorren.
2. Sa.	Erg. 4.	freie Artang.	2. Sa.	3. Sa.	4. Sa.

G r u n d f o r m : Ohne Wasser welken die Pflanzen, lassen die Blätter herabhängen, sinken um und verdorren.

4/4 Wenn Wiesen und Äcker nicht zur rechten Zeit gründlich nass werden, gibt es nur wenig Heu für das Vieh, die Ähren tragen nur dürftiges Korn, Kartoffeln und Rüben bleiben klein.

Satzbild: mehrfach zusammengesetzter Satz

Gliedsatz (Bedingungss.) ↑ 1. Hauptsatz, 2. Hauptsatz, 3. Hauptsatz.

Analyse des 1. Hauptsatzes:

…, gibt	es	(nur wenig) Heu	für das Vieh, …
Sa.	Sg.	Erg. 4. (mit Bfg.)	Vorworterg.

Grundform: wie 1. Hauptsatz.

Analyse des 2. Hauptsatzes:

…, die Ähren	tragen	(nur dürftiges) Korn, …
Sg.	Sa.	Erg. 4. (mit Bfg.)

Grundform: wie 2. Hauptsatz.

Analyse des 3. Hauptsatzes:

…, Kartoffeln und Rüben	bleiben	klein.
2 Sg.	Sa.	Arterg.

Grundform: wie 3. Hauptsatz.

4/5 „Es regnet, Gott segnet“, das ist ein guter alter Bauernspruch.

Satzbild: anreihende Satzverbindung

„1. Hauptsatz, 2. Hauptsatz“, 3. Hauptsatz.

Analyse des 1. Hauptsatzes (ergänzungsloser Satz):

„Es	regnet, …
Sg.	Sa.

Grundform: wie 1. Hauptsatz.

Analyse des 2. Hauptsatzes (ergänzungsloser Satz):

. . ., Gott	segnet“, . . .
Sg.	Sa.

Grundform: wie 2. Hauptsatz.

Analyse des 3. Hauptsatzes:

. . ., das	ist	ein (guter alter) Bauernspruch.
Sg.	Sa.	Gleichsetzungsgl. 1. (mit Bfg.)

Grundform: wie 3. Hauptsatz.

5/1 Mein kleiner Bruder ist sehr kitzelig.

Satzbild:

Hauptsatz

————————— .

Satzanalyse:

Mein (kleiner) Bruder	ist	(sehr) kitzelig.
Sg. (mit Bfg.)	Sa.	Arterg. (mit Bfg.)

Grundform: wie oben.

5/2 Um ihn zu ärgern(,) benütze ich natürlich jede Gelegenheit(,) ihn zu stupsen.

Satzbild: Hauptsatz mit zwei satzwertigen Wortgruppen

Hauptsatz

————————— ,

satzwertige Nennformgruppe ↑ ↓ satzwertige Nennformgruppe

—·—·—·—·—·—·—·—, —·—·—·—·—·—·—·—

(als freie Begründungsangabe) (als freie Begründungsangabe)

Analyse des Hauptsatzes:

. . ., benütze	ich	natürlich	(jede) Gelegenheit, . . .
Sa.	Sg.	freie Begründungsang.	Erg. 4. (mit Bfg.)

Grundform: Ich benütze jede Gelegenheit.

5/3 Er wird dann recht zornig(,) und es gibt meist einen Ringkampf, bei dem ich Sieger bleibe.

Satzbild: mehrfach zusammengesetzter Satz

1. Hauptsatz ———————, 2. Hauptsatz ———————,
↓ Beifügesatz - - - - - - - - - -.

Analyse des 1. Hauptsatzes:

Er	wird	dann	recht	zornig, . . .
Sg.	Sa.	freie Zeitang.	freie Artang.	Arterg.

Grundform des 1. Hautpsatzes: Er wird zornig.

Analyse des 2. Hauptsatzes:

. . ., (und) es	gibt	meist	einen Ringkampf, . . .
Sg.	Sa.	freie Zeitang.	Erg. 4.

Grundform: Es gibt einen Ringkampf.

5/4 Als er vor einigen Tagen seine Aufgabe machte, ging ihm plötzlich die Tinte aus.

Satzbild: Satzgefüge

Gliedsatz (Zeitsatz) - - - - - - - - - - - - - - - -, ↑ Hauptsatz ———————.

Analyse des Hauptsatzes:

verbale Klammer (ging … aus)

. . ., ging	ihm	plötzlich	die Tinte	aus.
Sa.	Erg. 3.	freie Zeitang.	Erg. 4.	Sa.

Grundform: Die Tinte ging ihm aus.

5/5 Er schraubte die Kappe seines Füllfederhalters ab und hielt ihn ins Tintenglas.

Satzbild:

Hauptsatz

Satzanalyse:

verbale Klammer

Er	schraubte	die Kappe (seines Füllfederhalters)	ab
Sg.	Sa.	Erg. 4. (mit Bfg.)	Sa.

und	hielt	ihn	ins Tintenglas.
	2. Sa.	Erg. 4.	Ortserg.

Grundform: wie oben.

5/6 Damit war er so beschäftigt, dass er gar nicht merkte, wie ich leise von hinten herankam und ihm mit beiden Händen unter die Achseln griff.

Satzbild: Satzgefüge

Hauptsatz ↓ Gliedsatz 1. Grades (Artsatz) ↓ Gliedsatz 2. Grades (Ergänzungssatz zum Artsatz)

Analyse des Hauptsatzes:

verbale Klammer

Damit	war	er	so	beschäftigt, . . .
freie Begründ.-Ang.	Sa.	Sg.	freie Artang.	Sa.

Grundform: Er war beschäftigt.

5/7 Wie von einer Tarantel gestochen fuhr er herum(,) um mir eine auszuwischen.

S a t z b i l d : Hauptsatz mit satzwertiger Wortgruppe

Hauptsatz ———, ↓ satzwertige Nennformgruppe —·—·—·—·—·—·—·—·— . (als freie Begründungsangabe)

A n a l y s e d e s H a u p t s a t z e s :

verbale Klammer (fuhr … herum)

Wie von einer Tarantel gestochen	fuhr	er	herum, . . .
freie Artang.	Sa.	Sg.	Sa.

G r u n d f o r m : Er fuhr herum.

5/8 Dabei aber schmiss er das Tintenglas um(,) und die schwarze Flüssigkeit ergoss sich auf den Fußboden.

S a t z b i l d : anreihende Satzverbindung

1. Hauptsatz ———, 2. Hauptsatz ———.

A n a l y s e d e s 1 . H a u p t s a t z e s :

verbale Klammer (schmiss … um)

Dabei aber	schmiss	er	das Tintenglas	um, . . .
freie Zeitang.	Sa.	Sg.	Erg. 4.	Sa.

G r u n d f o r m : Er schmiss das Tintenglas um.

A n a l y s e d e s 2 . H a u p t s a t z e s :

. . ., und die (schwarze) Tinte	ergoss sich	auf den Fußboden.
Sg. (mit Bfg.)	Sa.	Ortserg.

G r u n d f o r m : wie oben.

5/9 Auf den Schrei hin, den er dabei ausstieß, eilte meine Mutter ins Zimmer.

S a t z b i l d : Satzgefüge

A n a l y s e d e s H a u p t s a t z e s :

Auf den Schrei hin	eilte	(meine) Mutter	ins Zimmer.
freie Begr.-Ang.	Sa.	Sg. (mit Bfg.)	Ortserg.

G r u n d f o r m : Meine Mutter eilte ins Zimmer.

5/10 „Jetzt reicht's mir aber!", rief sie voll Empörung aus, als sie die Bescherung sah(,) und gab jedem eine kräftige Ohrfeige.

S a t z b i l d : mehrfach zusammengesetzter Satz

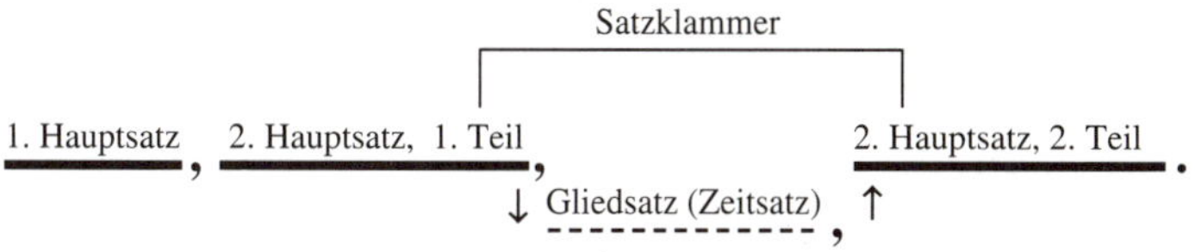

A n a l y s e d e s 1. H a u p t s a t z e s :

Der Satz müsste in der Standardsprache lauten:

Aber jetzt	reicht	es	mir!
freie Zeitang.	Sa.	Sg.	freier Dativ

G r u n d f o r m : Es reicht.

A n a l y s e d e s 2. H a u p t s a t z e s :

verbale Klammer

. . . rief	sie	(voll) Empörung	aus	und gab	jedem
1. Sa.	Sg.	freie Artang. (mit Bfg.)	1. Sa.	2. Sa.	Erg. 3.

eine (kräftige) Ohrfeige.
Erg. 4. (mit Bfg.)

Grundform: (Das) rief sie aus und gab jedem eine (kräftige) Ohrfeige.

5/11 Wir nahmen aus unseren Heften alle Löschblätter heraus und versuchten(,) damit die Tinte aufzusaugen.

Satzbild:

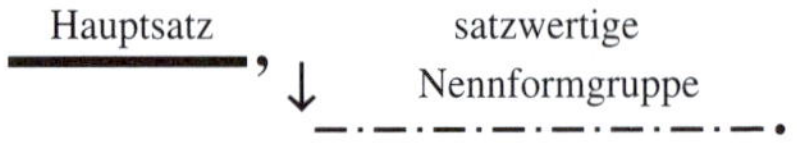

Satzanalyse:

verbale Klammer (nahmen … heraus)

Wir	nahmen	aus (unseren) Heften	(alle) Löschblätter	heraus
Sg.	1. Sa.	freie Ortsang. (mit Bfg.)	Erg. 4. (mit Bfg.)	1. Sa.

verbale Klammer (versuchten … aufzusaugen)

und versuchten,	damit	die Tinte	aufzusaugen.
2. Sa.	freie Art-Ang.	Erg. 4.	2. Sa.

Anmerkung: Das Zeitwort „versuchen" ist in diesem Satz als Hilfszeitwort verwendet (modifizierendes Zeitwort). Das Satzglied „damit" ist eine ein Mittel bezeichnende (instrumentale) Begründungsangabe und keine Vorwortergänzung.

Grundform: Wir nahmen alle Löschblätter heraus und versuchten(,) die Tinte aufzusaugen.

5/12 Dabei wagten wir kein Wort zu sprechen.

Satzbild:

Satzanalyse:

verbale Klammer (wagten … zu sprechen)

Dabei	wagten	wir	(kein) Wort	zu sprechen.
freie Zeitang.	Sa. (modifizierendes Zeitwort)	Sg.	Erg. 4. (mit Bfg.)	Sa.

Grundform: Wir wagten kein Wort zu sprechen.

6/1 Als ich noch ein Kind war, hatte ich einen Kranich.

Satzbild: Satzgefüge

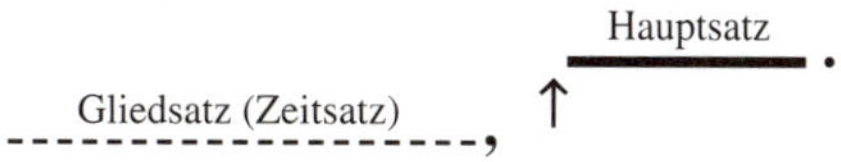

Analyse des Hauptsatzes:

. . ., hatte	ich	einen Kranich.
Sa.	Sg.	Erg. 4.

Grundform: Ich hatte einen Kranich.

6/2 Wir erwachten, wenn die Sonne aufging(,) und begrüßten einander, wie zwei Brüder einander begrüßen.

Satzbild: Satzgefüge

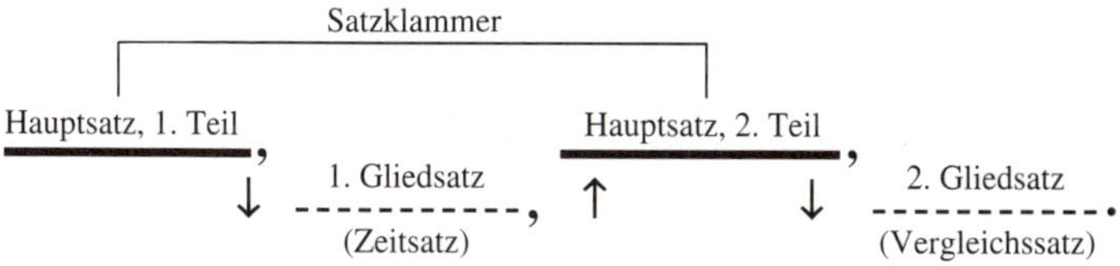

Analyse des Hauptsatzes:

Wir	erwachten und begrüßten	einander.
Sg.	2 Sa.	Erg. 4.

Grundform: wie Hauptsatz.

6/3 Dann ging ich zum See, wo das Boot lag, holte die Netze und brachte die Aale für ihn heim.

Satzbild: Satzgefüge

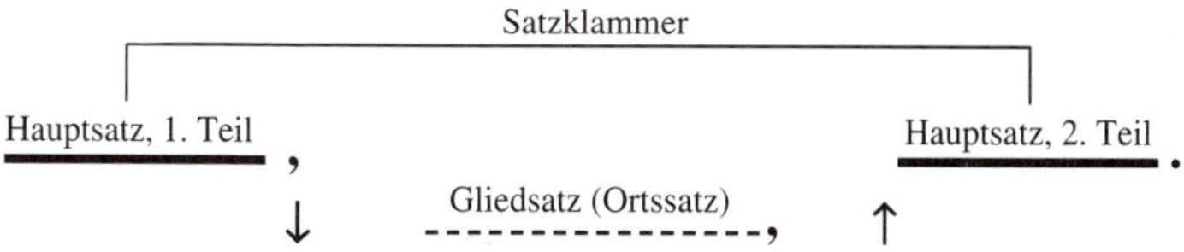

Analyse des Hauptsatzes:

Dann ging ich zum See, holte die Netze
freie Zeitang. – 1. Sa. – Sg. – Ortserg. – 2. Sa. – Erg. 4.

und brachte die Aale für ihn heim.
3. Sa. – Erg. 4. – Vorw.-Erg. – 3. Sa.

Grundform: Ich ging zum See, holte die Netze und brachte die Aale für ihn heim.

6/4 Er nahm sie aus meiner Hand wie ein Kind.

Satzbild:

Hauptsatz
______________ .

Satzanalyse:

Er nahm sie aus (meiner) Hand wie ein Kind.
Sg. – Sa. – Erg. 4. – freie Ortsang. (mit Bfg.) – freie Artang.

Grundform: Er nahm sie.

6/5 Am schönsten aber war es um die Mittagsstunde.

Satzbild:

Hauptsatz
______________ .

Satzanalyse:

Am schönsten aber war es um die Mittagsstunde.
Arterg. – Sa. – Sg. – Zeiterg.

Grundform: wie oben.

6/6 Ich lag zwischen den Booten und rief nach meinem Vogel.

Satzbild:

Hauptsatz
______________ .

S a t z a n a l y s e :

Ich lag zwischen den Booten und rief nach (meinem) Vogel.
Sg. 1. Sa. freie Ortsang. 2. Sa. Vorw.-Erg. (mit Bfg.)

G r u n d f o r m : Ich lag und rief nach meinem Vogel.

6/7 Er kam und spielte mit meinen Schuhen, meinen Knöpfen, meinen Haaren.

S a t z b i l d :

Hauptsatz
———————— .

S a t z a n a l y s e :

Er kam und spielte mit (meinen) Schuhen, (meinen) Knöpfen,
Sg. 2 Sa. 3 Vorw.-Erg. (mit 3 Bfg.)

(meinen) Haaren.

G r u n d f o r m : wie oben.

6/8 Dann ließ er sich in die Knie sinken.

S a t z b i l d :

Hauptsatz
———————— .

S a t z a n a l y s e :

verbale Klammer

Dann ließ er sich in die Knie sinken.
freie Zeitang. Sa. Sg. zur Sa. freie Artang. Sa.

G r u n d f o r m : Er ließ sich sinken.

6/9 Noch einmal hob sich sein schwarzer Hals, als liege er auf dem Moor und müsse nach seinen Feinden sehen.

S a t z b i l d : Satzgefüge

A n a l y s e d e s H a u p t s a t z e s :

Noch einmal hob sich sein (schwarzer) Hals,
freie Zeitang. Sa. Sg. (mit Bfg.)

G r u n d f o r m : Sein schwarzer Hals hob sich.

6/10 Dann legte er sich nieder, dass sein Leib zwischen meinem Arm und meinem Herzen lag, und verbarg seinen Kopf an meiner Brust.

S a t z b i l d : Satzgefüge

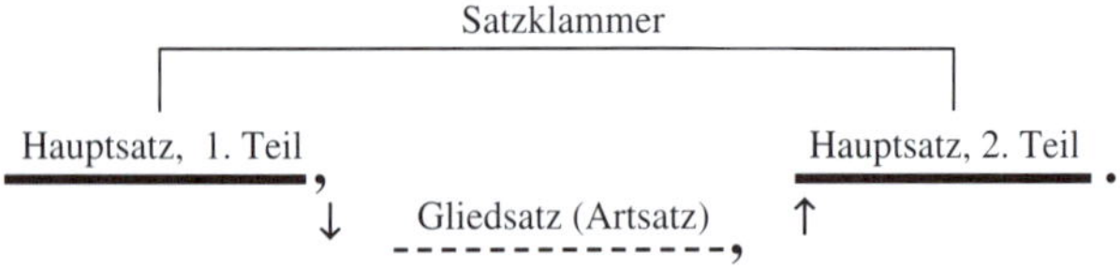

A n a l y s e d e s H a u p t s a t z e s :

verbale Klammer

Dann legte er sich nieder und verbarg (seinen) Kopf
freie Zeitang. 1. Sa. Sg. 1. Sa. 2. Sa. Erg. 4. (mit Bfg.)

an (meiner) Brust.
freie Ortsang. (mit Bfg.)

G r u n d f o r m : Er legte sich nieder und verbarg seinen Kopf.

6/11 Ein leise träumender Laut kam unaufhörlich aus seiner Kehle.

S a t z b i l d :

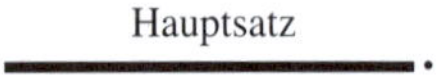

Satzanalyse:

Ein (leise träumender) Laut kam unaufhörlich aus (seiner) Kehle.
Sg. (mit Bfg.) Sa. freie Artang. Ortserg. (mit Bfg.)

Grundform: Ein leise träumender Laut kam aus seiner Kehle.

6/12 Lange lagen wir so, ein glückliches Paar.

Satzbild: anreihende Satzverbindung

1. Hauptsatz ——, 2. Hauptsatz in Form eines Auslassungssatzes (Ellipse) ——.

Vervollständigt lautet der 2. Hauptsatz: Wir waren ein glückliches Paar.

Analyse des 1. Hauptsatzes:

Lange lagen wir so,
freie Zeitang. Sa. Sg. Arterg.

Grundform: Wir lagen so.

Analyse des 2. Hauptsatzes:

Wir waren ein (glückliches) Paar.
Sg. Sa. Gleichsetzungsgl. 1. (mit Bfg.)

Grundform: wie 2. Hauptsatz.

6/13 Die Beeren leuchteten in der Sommersonne, über uns summten die Bienen(,) und der Pirol rief aus dem Walde.

Satzbild: anreihende Satzverbindung

1. Hauptsatz ——, 2. Hauptsatz ——, 3. Hauptsatz ——.

Analyse des 1. Hauptsatzes:

Die Beeren	leuchteten	in der Sommersonne, . . .
Sg.	Sa.	freie Ortsang.

Grundform: Die Beeren leuchteten.

Analyse des 2. Hauptsatzes:

. . . über uns	summten	die Bienen, . . .
freie Ortsang.	Sa.	Sg.

Grundform: Die Bienen summten.

Analyse des 3. Hauptsatzes:

. . ., und der Pirol	rief	aus dem Walde.
Sg.	Sa.	freie Ortsang.

Grundform: Der Pirol rief.

7/1 Wohl das wichtigste Ausrüstungsstück des Astronauten ist der Raumanzug.

Satzbild:

Hauptsatz

———————— .

Satzanalyse:

Wohl	das (wichtigste)	Ausrüstungsstück (des Astronauten)
freie Artang.		Sg.(mit 2 Bfg.)

ist	der Raumanzug.
Sa.	Gleichsetzungsglied 1.

Grundform: Das wichtigste Ausrüstungsstück des Astronauten ist der Raumanzug.

7/2 Sobald er die Lufthülle der Erde verlässt, befindet sich der Raumfahrer in einer Umgebung, die ihm nicht die notwendigen Umweltbedingungen bietet, die ihm feindlich gesinnt ist.

Satzbild: Satzgefüge

Hauptsatz

1. Nebensatz (Bedingungssatz), Hauptsatz, 2. Nebensatz (Beifüges.), 3. Nebensatz (Beifüges.).

Der 2. Nebensatz und der 3. Nebensatz befinden sich im gleichen Grad der Abhängigkeit vom Hauptsatz, sie bilden eine Nebensatzreihe.

Analyse des Hauptsatzes:

..., befindet sich	der Raumfahrer	in einer Umgebung, ...
Sa.	Sg.	Ortserg.

Grundform: Der Raumfahrer befindet sich in einer Umgebung.

7/3 Im Weltraum kann der Mensch normalerweise nicht leben.

Satzbild:

Hauptsatz.

Satzanalyse:

verbale Klammer (kann ... leben)

Im Weltraum	kann	der Mensch	normalerweise	nicht	leben.
Ortserg.	Sa.	Sg.	freie Artang.	Arterg.	Sa.

Grundform: Im Weltraum kann der Mensch nicht leben.

7/4 Er muss also, wenn er die Erde verlässt, seine eigene kleine Welt mitnehmen, die ihn schützt, in der er weiterleben kann.

Satzbild: Satzgefüge

Satzklammer

Hauptsatz, 1. Teil, ↓ 1. Nebensatz (Bedingungssatz), ↑ Hauptsatz, 2. Teil, 2. Nebensatz, 3. Nebensatz.

(Beifüges.)
Nebensatzreihe

Analyse des Hauptsatzes:

verbale Klammer

Er	muss	also	(seine eigene kleine) Welt	mitnehmen, ...
Sg.	Sa.	freie Begründ.-Ang.	Erg. 4. (mit 3 Bfg.)	Sa.

Grundform: Er muss seine eigene kleine Welt mitnehmen.

7/5 An sich bietet die Raumkabine den benötigten Schutz.

Satzbild:

Hauptsatz
▬▬▬▬▬▬▬▬.

Satzanalyse:

An sich	bietet	die Raumkabine	den (benötigten) Schutz.
freie Artang.	Sa.	Sg.	Erg. 4. (mit Bfg.)

Grundform: Die Raumkabine bietet den benötigten Schutz.

7/6 Es ist jedoch leicht möglich, dass das Raumfahrzeug unterwegs beschädigt wird und den Astronauten zeitweilig oder für den ganzen Flug den tödlichen Gefahren des Weltraums aussetzt.

Satzbild: Satzgefüge

Hauptsatz
▬▬▬▬▬▬,
↓ Gliedsatz (Satzgegenstandssatz)
- -.

Analyse des Hauptsatzes:

Es	ist	jedoch	leicht	möglich, ...
Sg.	Sa.	freie Begr.-Ang.	freie Artang.	Arterg.

Grundform: Es ist möglich.

7/7 Bei vielen Flugaufträgen muss der Astronaut sein Raumschiff verlassen, etwa bei der Landung auf dem Mond oder auf einem Planeten, bei einer Reparatur des Raumschiffes, beim Zusammenbau einer Raumstation.

Satzbild: Hauptsatz mit herausgehobenen freien Satzgliedern am Schluss des Satzes.

Hauptsatz
▬▬▬▬▬▬▬▬ .

verbale Klammer

Bei (vielen) Flugaufträgen — muss — der Astronaut — (sein) Raumschiff
freie Begr.-Ang. (mit Bfg.) — Sa. — Sg. — Erg. 4. (mit Bfg.)

verlassen, — etwa bei der Landung (auf dem Mond),
Sa. — freie Begründungsang. (mit Bfg.)

bei einer Reparatur (des Raumschiffes), — beim Zusammenbau (einer Raumstation).
freie Begründungsang. (mit Bfg.) — freie Begründungsang. (mit Bfg.)

Grundform: Der Astronaut muss sein Raumschiff verlassen.

7/8 In allen diesen Fällen verlässt er den Schutz seines Fahrzeuges und muss eine Hülle mitnehmen, die ihn ebenfalls zuverlässig schützt.

Satzbild: Satzgefüge

Hauptsatz
▬▬▬▬▬▬,
↓ Beifügesatz
- - - - - - - - - - - -.

Analyse des Hauptsatzes:

In (allen) diesen Fällen — verlässt — er — den Schutz
freie Begr.-Ang. (mit Bfg.) — 1. Sa. — Sg. — Erg. 4.

verbale Klammer

(des Fahrzeuges) — und muss — eine Hülle — mitnehmen, . . .
(mit Bfg.) — 2. Sa. — Erg. 4. — 2. Sa.

G r u n d f o r m : Er verlässt den Schutz seines Fahrzeuges und muss eine Hülle mitnehmen.

8/1 Besuche dienen der Vertiefung der menschlichen Beziehungen.

S a t z b i l d :

Hauptsatz
▬▬▬▬▬▬ .

S a t z a n a l y s e :

Besuche (Sg.) dienen (Sa.) der Vertiefung (der menschlichen Beziehungen) (Erg. 3. (mit Bfg.)).

G r u n d f o r m : wie oben.

8/2 Wenn wir einen Besuch machen, dann wollen wir bei dem Gastgeber einen guten Eindruck hinterlassen.

S a t z b i l d : Satzgefüge

Hauptsatz
▬▬▬▬▬▬ .

Gliedsatz ↑
\- - - - - - - - - - - - ,
(Bedingungssatz)

A n a l y s e d e s H a u p t s a t z e s :

verbale Klammer

. . ., dann (freie Begr.-Ang.) wollen (Sa.) wir (Sg.) bei dem Gastgeber (freie Ortsang.)

einen (guten) Eindruck (Erg. 4. (mit Bfg.)) hinterlassen. (Sa.)

G r u n d f o r m : Wir wollen einen guten Eindruck hinterlassen.

8/3 Wird man zu einem Besuch mit fester Zeitangabe eingeladen, dann setzt man den Gastgeber so bald wie möglich davon in Kenntnis, ob man die Einladung annimmt, damit er sich rechtzeitig auf den Besuch einstellen kann.

Satzbild: Satzgefüge

Hauptsatz

1. Gliedsatz ↑ ━━━━━━━━, ↓ 2. Gliedsatz 3. Gliedsatz

- - - - - - - - - - -, - - - - - - - - - - - -, - - - - - - - - - - - - -.

(Bedingungssatz) (Ergänzungssatz) (Zwecksatz)

Analyse des Hauptsatzes:

verbale Klammer

. . ., dann setzt man den Gastgeber so bald wie möglich

freie Zeitang. | Sa. | Sg. | Erg. 4. | freie Zeitang.

davon in Kenntnis, . . .

Vorw.-Erg. | Sa.

Grundform: Man setzt den Gastgeber davon in Kenntnis.

8/4 Entschließt man sich zu einem Besuch(,) ohne eine direkte Einladung bekommen zu haben, dann wählt man eine Zeit, in der man voraussichtlich nicht ungelegen kommt.

Satzbild: Satzgefüge mit satzwertiger Wortgruppe

Hauptsatz

1. Nebensatz ↑ ━━━━━━━━, ↓ 2. Nebensatz

- - - - - - - - - - - - - -, - - - - - - - - - - - -.

(Bedingungssatz) ↓ satzwertige (Beifüges.)

- - - - - - - - - - - -,

Nennformgruppe (als Bfg.)

Analyse des Hauptsatzes:

. . ., dann wählt man eine Zeit, . . .

freie Zeitang. | Sa. | Sg. | Erg. 4.

Grundform: Man wählt eine Zeit.

8/5 Eine vorherige Ankündigung wird immer willkommen sein.

Satzbild:

Hauptsatz
——————— .

Satzanalyse:

verbale Klammer (wird … willkommen sein)

Eine (vorherige) Ankündigung	wird	immer	willkommen sein.
Sg. (mit Bfg.)	Sa.	freie Zeitang.	Sa.

Grundform: Eine vorherige Ankündigung wird willkommen sein.

8/6 Die günstigste Tageszeit ist im Allgemeinen der späte Nachmittag.

Satzbild:

Hauptsatz
——————— .

Satzanalyse:

Die (günstigste) Tageszeit	ist	im Allgemeinen
Sg. (mit Bfg.)	Sa.	freie Artang.

der (späte) Nachmittag.
Gleichsetzungsgl. 1. (mit Bfg.)

Grundform: Die günstigste Tageszeit ist der späte Nachmittag.

8/7 Niemals sollte man unangesagt knapp vor den Mahlzeiten eintreffen.

Satzbild:

Hauptsatz
——————— .

Satzanalyse:

verbale Klammer (sollte … eintreffen)

Niemals	sollte	man	unangesagt	(knapp) vor den Mahlzeiten
Zeiterg.	Sa.	Sg.	Arterg.	freie Zeitang.(mit Bfg.)

eintreffen.
Sa.

Grundform: Niemals sollte man unangesagt eintreffen.

8/8 Auch gibt es gewisse Festtage, an denen es nicht üblich ist(,) Besuche zu machen; das ist der Weihnachtstag, der Karfreitag, der Ostersonntag, der Pfingstsonntag, der Allerheiligentag und der Allerseelentag.

Satzbild: mehrfach zusammengesetzter Satz

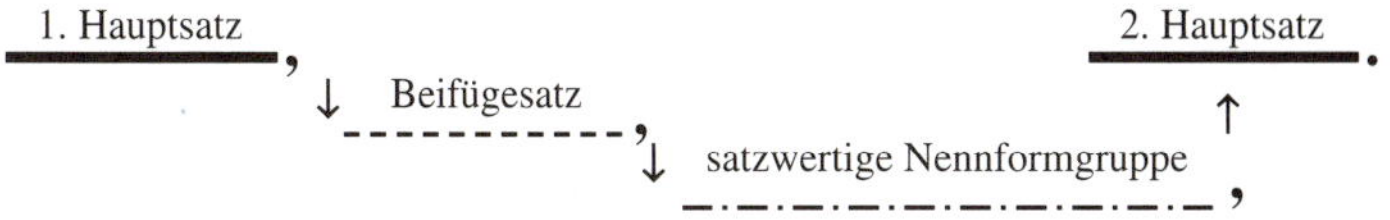

Analyse des 1. Hauptsatzes:

Auch	gibt	es	(gewisse) Festtage, . . .
freie Artang.	Sa.	Sg.	Erg. 4. (mit Bfg.)

Grundform: Es gibt gewisse Festtage.

Analyse des 2. Hauptsatzes:

. . ., das	ist	der Weihnachtstag, der Karfreitag, der Ostersonntag,
Sg.	Sa.	(Gleichsetzungsglieder im 1. Fall)

der Pfingstsonntag, der Allerheiligentag und der Allerseelentag.

Grundform: wie 2. Hauptsatz

8/9 Dagegen gelten Ostermontag, Pfingstmontag, Stephanitag sowie der Tag des Kirchweihfestes als gebräuchliche Besuchstage.

Satzbild:

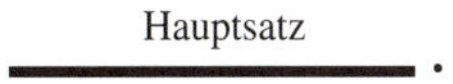

Satzanalyse:

Dagegen	gelten	Ostermontag, Pfingstmontag, Stephanitag sowie der
freie Artang.	Sa.	4 Sg. (mit Bfg.)

Tag (des Kirchweihfestes)	als (gebräuchliche) Besuchstage.
	Gleichsetzungsglied 1. (mit Bfg.)

Grundform: Ostermontag, Pfingstmontag, Stephanitag sowie der Tag des Kirchweihfestes gelten als gebräuchliche Besuchstage.

9/1 Die gewaltigen Wassermassen der Ozeane sind nicht so gleichartig, wie es scheinen mag.

Satzbild: Satzgefüge

Hauptsatz
————————,
↓ Gliedsatz (Artsatz)
- - - - - - - - - - - - - - -.
(Vergleichssatz)

Analyse des Hauptsatzes:

Die (gewaltigen) Wassermassen (des Ozeans) sind
Sg. (mit 2 Bfg.) Sa.

(nicht so) gleichartig, . . .
Arterg. (mit Bfg.)

Grundform: wie Hauptsatz.

9/2 Im Norden und im tiefen Süden sind die Meere kalt oder oft mit Eisschollen bedeckt; in den Tropen dagegen ist die See warm wie eine überheizte Stube.

Satzbild: entgegensetzende Satzverbindung

1. Hauptsatz ; 2. Hauptsatz
————————; ————————.

Analyse des 1. Hauptsatzes:

Im Norden und im (tiefen) Süden sind die Meere kalt . . .;
2 freie Ortsang. (mit Bfg.) Sa. Sg. Arterg.

Grundform: Die Meere sind kalt.

Analyse des 2. Hauptsatzes:

. . . in den Tropen dagegen ist die See warm (wie eine über-
Ortserg. Sa. Sg. Arterg. (mit Bfg.)

heizte Stube).

Grundform: Die See ist warm.

9/3 Ruhig ist das Meer nie.

Satzbild:

Hauptsatz

________________.

Satzanalyse:

Ruhig	ist	das Meer	nie.
Arterg.	Sa.	Sg.	Zeiterg.

Grundform: wie oben.

9/4 Nicht nur Wind und Sturm treiben Wellen vor sich her, das verschieden warme Wasser und die Umdrehung der Erde erzeugen Strömungen, die über Tausende von Kilometern sich auswirken.

Satzbild: mehrfach zusammengesetzter Satz

1. Hauptsatz ________, 2. Hauptsatz ________,

↓ Beifügesatz - - - - - - - - - - - - - - .

Analyse des 1. Hauptsatzes:

Nicht nur Wind und Sturm	treiben	Wellen	vor sich her, . . .
2 Sg.	Sa.	Erg. 4	freie Ortsang.

Grundform: Nicht nur Wind und Sturm treiben Wellen.

Analyse des 2. Hauptsatzes:

. . ., das (verschieden warme) Wasser	und die Umdrehung (der Erde)
1. Sg. (mit 2 Bfg.)	2. Sg. (mit Bfg.)

erzeugen	Strömungen.
Sa.	Erg. 4

Grundform: wie 2. Hauptsatz.

9/5 Die Wärme hat das Meer von der Sonne.

Satzbild:

Hauptsatz
――――――――――――――――――――――.

Satzanalyse:

Die Wärme / hat / das Meer / von der Sonne.
Erg. 4 / Sa. / Sg. / Vorworterg.

Grundform: wie oben.

9/6 Viel wichtiger als die Wärme der Sonne ist für das Leben im Meer ihr Licht, denn nur im Licht können Pflanzen gedeihen(,) und nur wo Pflanzen sind, können auch Tiere leben.

Satzbild: mehrfach zusammengesetzter Satz

1. Hauptsatz ――――――, 2. Hauptsatz ――――――, ↓ Gliedsatz (Ortssatz) - - - - - - - -, ↑ 3. Hauptsatz ――――――.

Analyse des 1. Hauptsatzes:

(Viel) wichtiger (als die Wärme [der Sonne]) / ist
Arterg. (mit 3 Bfg.) / Sa.

für das Leben (im Meer) / (ihr) Licht, . . .
Vorworterg. (mit Bfg.) / Sg. (mit Bfg.)

Grundform: Für das Leben ist Licht wichtiger als die Wärme.

Analyse des 2. Hauptsatzes:

verbale Klammer (können … gedeihen)

. . . denn nur im Licht / können / Pflanzen / gedeihen,
Ortserg. / Sa. / Sg. / Sa.

Grundform: Nur im Licht können Pflanzen gedeihen.

Analyse des 3. Hauptsatzes:

verbale Klammer

. . . , (da)	können	auch Tiere	leben.
Orserg.	Sa.	Sg.	Sa.

Grundform: Da können auch Tiere leben.

9/7 Wir dürfen bei den Meerespflanzen nicht an Gewächse denken, wie wir sie vom Land her kennen.

Satzbild: Satzgefüge

Hauptsatz ━━━━━━━━━,
↓ Beifügesatz - - - - - - - - - - - -.

Analyse des Hauptsatzes:

verbale Klammer

Wir	dürfen	bei den Meerespflanzen	nicht	an Gewächse	denken, . . .
Sg.	Sa.	Vorworterg.	Arterg.	Vorw.-Erg.	Sa.

Grundform: wie Hauptsatz.

9/8 Die meisten Pflanzen des Salzwassers sind so klein, dass man sie nur unter dem Mikroskop erkennen kann.

Satzbild: Satzgefüge

Hauptsatz ━━━━━━━━━,
↓ Gliedsatz - - - - - - - - - - - -.
(Artsatz)

Analyse des Hauptsatzes:

Die (meisten) Pflanzen (des Salzwassers)	sind	(so) klein, . . .
Sg. (mit 2 Bfg.)	Sa.	Arterg. (mit Bfg.)

Grundform: wie Hauptsatz.

9/9 Sie brauchen aber, genau wie die Pflanzen auf dem Land, Licht(,) um zu wachsen und sich zu vermehren.

S a t z b i l d : Hauptsatz mit satzwertiger Wortgruppe.

Hauptsatz
————————,
↓ satzwertige Nennformgruppe (als freie Begründungsangabe)
—·—·—·—·—·—·—·—·—·—·—·—·—·—·—·—.

A n m e r k u n g : Die eingeschaltete Angabe „genau wie die Pflanzen auf dem Land" wurde zwischen Beistriche gestellt und dadurch herausgehoben, um ihren Inhalt zu bekräftigen. Diese Form bildet einen Übergang zwischen Satzglied und Gliedsatz.

A n a l y s e d e s H a u p t s a t z e s :

Sie — brauchen aber, — genau wie die Pflanzen (auf dem Land),
Sg. — Sa. — freie Artang. (mit Bfg.)

Licht.
Erg. 4.

G r u n d f o r m : Sie brauchen aber Licht.

9/10 In fünfzig Meter Tiefe jedoch ist nicht mehr genügend Licht; darum hört hier das Pflanzenleben auf.

S a t z b i l d : begründende Satzverbindung

1. Hauptsatz ———————— ; 2. Hauptsatz ————————.

A n a l y s e d e s 1. H a u p t s a t z e s :

In (fünfzig Meter) Tiefe — ist — (nicht mehr genügend) Licht;
Ortserg. (mit Bfg.)

G r u n d f o r m : w i e 1. H a u p t s a t z .

Analyse des 2. Hauptsatzes:

verbale Klammer (hört … auf.)

…; darum	hört	hier	das Pflanzenleben	auf.
freie Begr.-Ang.	Sa.	freie Ortsang.	Sg.	zu Sa.

Grundform: Das Pflanzenleben hört auf.

10/1 Wenn die Suppe versalzen ist, sagt der Volksmund, dass die Köchin verliebt sei, und meint, dass ihre Gedanken woanders weilten, solange sie die Suppe würzte.

Satzbild: Satzgefüge

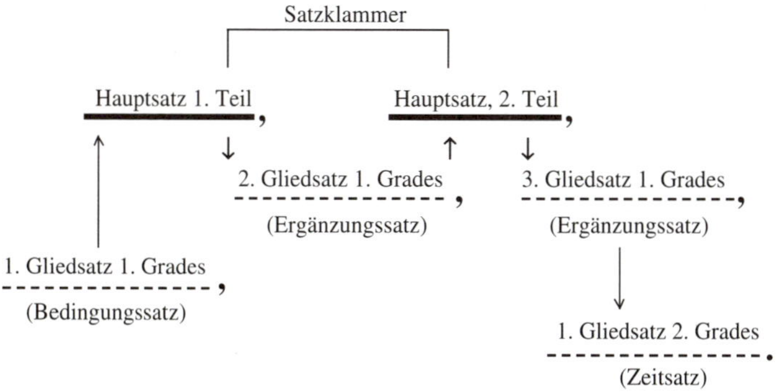

Anmerkung: Die Unterordnung des Bedingungssatzes unter den Ergänzungssatz wird erst deutlich, wenn man die Satzfolge umstellt und den ersten Teil des Hauptsatzes an die Spitze des Satzgefüges stellt:

> Der Volksmund sagt, dass die Köchin verliebt sei, wenn die Suppe versalzen ist, und meint, dass ihre Gedanken woanders weilten, solange sie die Suppe würzte.

In diesem Falle sieht das Satzbild folgendermaßen aus:

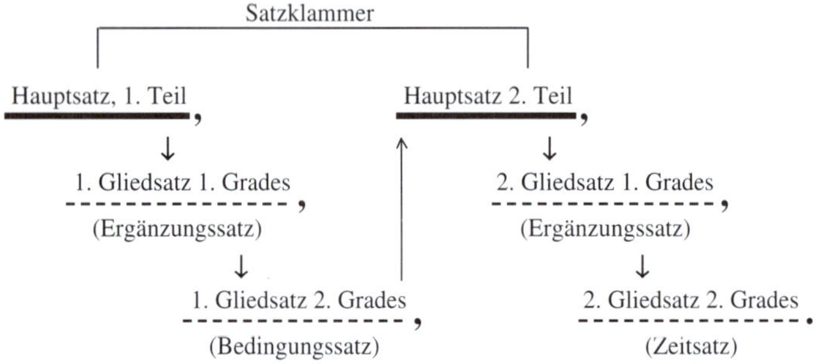

A n a l y s e   d e s   H a u p t s a t z e s:

Der Volksmund — sagt und meint.
Sg. — 2 Sa.

G r u n d f o r m: wie oben.

10/2 Das rechte Gewürz(,) in der richtigen Menge verwendet(,) steigert den Wohlgeschmack der Speisen, vermag das einfachste Gericht zu einem Leckerbissen zu machen.

S a t z b i l d: Hauptsatz mit satzwertiger Mittelwortgruppe. (Der Hauptsatz entstand aus der Zusammenfassung zweier Sätze.)

(Die Mittelwortgruppe steht an Stelle eines Bedingungssatzes:

. . ., wenn es in der richtigen Menge verwendet wird.)

A n a l y s e   d e s   H a u p t s a t z e s:

Das (rechte) Gewürz — steigert — den Wohlgeschmack (der Speisen),
Sg. (mit Bfg.) — 1. Sa. — Erg. 4. (mit Bfg.)

verbale Klammer

vermag — das (einfachste) Gericht — zu einem Leckerbissen
2. Sa. — Erg. 4. (mit Bfg.) — Vorworterg.

zu machen.
2. Sa.

G r u n d f o r m : wie Hauptsatz.

10/3 Wenn das Gewürz jedoch den Eigengeschmack der Speise überdeckt, ist das Gegenteil erreicht.

S a t z b i l d : Satzgefüge

Gliedsatz (Bedingungss.) - - - - - - - - - - - - , ↑ Hauptsatz.

A n a l y s e d e s H a u p t s a t z e s :

verbale Klammer

. . ., ist — das Gegenteil — erreicht.
Sa. — Sg. — Sa.

(Der Hauptsatz ist ein ergänzungsloser Satz.)

G r u n d f o r m : Das Gegenteil ist erreicht.

10/4 Manche ausländische Gewürze sind außerdem der Gesundheit nicht sehr zuträglich, deshalb wollen wir sie sparsam verwenden.

S a t z b i l d : begründende Satzverbindung

1. Hauptsatz, 2. Hauptsatz.

A n a l y s e d e s 1. H a u p t s a t z e s :

(Manche ausländische) Gewürze — sind — außerdem — der Gesundheit
Sg. (mit 2 Bfg.) — Sa. — freie Artang. — Erg. 3.

(nicht sehr) zuträglich, . . .
Arterg. (mit 2 Bfg.)

G r u n d f o r m : wie oben.

A n a l y s e   d e s   2 .   H a u p t s a t z e s :

verbale Klammer

. . ., deshalb	wollen	wir	sie	sparsam	verwenden.
freie Begr.-Ang.	Sa.	Sg.	Erg. 4.	freie Artang.	Sa.

G r u n d f o r m : Wir wollen sie verwenden.

10/5 Unsere heimischen Gewürzkräuter sind ein Schatz für die Küche.

S a t z b i l d :

Hauptsatz

———————— .

S a t z a n a l y s e :

(Unsere heimischen) Gewürzkräuter	sind	ein Schatz
Sg. (mit 2 Bfg.)	Sa.	Gleichs.-Glied 1.

für die Küche.
Vorw.-Erg.

G r u n d f o r m : wie oben.

10/6 Bei ihnen können wir herzhafter zugreifen; frisch verwendet(,) erhöhen sie den Vitamingehalt unserer Speisen.

S a t z b i l d : mehrfach zusammengesetzter Satz

Satzklammer

1. Hauptsatz ———— ; 2. Hauptsatz ———— .

satzwertige Mittelwortgruppe ↑

—·—·—·—·—·—·—·—·—·— ,

Die satzwertige Mittelwortgruppe steht für einen Bedingungssatz: Wenn man sie frisch verwendet, . . .

A n a l y s e   d e s   1 .   H a u p t s a t z e s :

verbale Klammer

Bei ihnen	können	wir	herzhafter	zugreifen;
Vorw.-Erg.	Sa.	Sg.	freie Artang.	Sa.

G r u n d f o r m : Bei ihnen können wir zugreifen.

Analyse des 2. Hauptsatzes:

. . ., erhöhen	sie	den Vitamingehalt unserer Speisen.
Sa.	Sg.	Erg. 4 (mit Bfg.)

Grundform: Sie erhöhen den Vitamingehalt unserer Speisen.

11/1 In kaum einer Stadt Europas war der Drang zum Kulturellen so leidenschaftlich wie in Wien.

Satzbild:

Hauptsatz

———————.

Satzanalyse:

In (kaum) einer Stadt (Europas)	war	der Drang (zum Kultu-
freie Ortsang. (mit 2 Bfg.)	Sa.	Sg. (mit Bfg.)

rellen)	(so) leidenschaftlich	wie in Wien.
	Arterg. (mit Bfg.)	freie Ortsang.

Grundform: Der Drang zum Kulturellen war leidenschaftlich.

11/2 Gerade weil die Monarchie und Österreich seit Jahrhunderten weder politisch ambitioniert noch in seinen militärischen Unternehmungen besonders erfolgreich gewesen ist, hatte sich der heimatliche Stolz am stärksten dem Wunsche einer künstlerischen Vorherrschaft zugewandt.

Satzbild: Satzgefüge

Hauptsatz

Gliedsatz

- - - - - - - - - - - - ,

(Bedingungssatz)

Analyse des Hauptsatzes:

verbale Klammer

. . ., hatte sich	der (heimatliche) Stolz	am stärksten
Sa.	Sg. (mit Bfg.)	freie Artang.

dem Wunsche (einer [künstlerischen] Vorherrschaft)   zugewandt.
Erg. 3. (mit Bfg.)   Sa.

G r u n d f o r m : Der heimatliche Stolz hatte sich dem Wunsche einer künstlerischen Vorherrschaft zugewandt.

11/3 Von dem alten Habsburgerreich, das einmal Europa beherrschte, waren längst wichtigste und wertvollste Landesteile abgefallen, deutsche und italienische, flandrische und wallonische.

S a t z b i l d : Satzgefüge

A n a l y s e d e s H a u p t s a t z e s :

verbale Klammer

Von dem (alten) Habsburgerreich   waren   längst
Vorworterg. (mit Bfg.) im 3. Fall   Sa.   freie Zeitang.

(wichtigste und wertvollste) Landesteile   abgefallen,
Sg. (mit 2 Bfg.)   Sa.

(deutsche und italienische, flandrische und wallonische).
(4 herausgehobene Beifügungen [Beisätze] zum Sg.)

G r u n d f o r m : Von dem alten Habsburgerreich waren wichtigste und wertvollste Landesteile abgefallen, deutsche und italienische, flandrische und wallonische.

11/4 Unversehrt in ihrem alten Glanz war die Hauptstadt geblieben, der Hort des Hofes, die Wahrerin einer tausendjährigen Überlieferung.

S a t z b i l d : Hauptsatz (mit zwei „Beisätzen“)

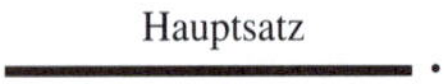

Satzanalyse:

verbale Klammer

Unversehrt in ihrem (alten) Glanz war die Hauptstadt
freie Artang. (mit Bfg.) Sa. Sg.

geblieben, (der Hort [des Hofes]), (die Wahrerin [einer
Sa. (1. Bfg. zum Sg.) (2. Bfg. zum Sg.)

tausendjährigen Tradition]).

Die beiden nachgestellten Beifügungen haben die Form von „Beisätzen" (Appositionen).

Grundform: Die Hauptstadt war der Hort des Hofes, die Wahrerin einer tausendjährigen Tradition geblieben.

11/5 Die Römer hatten die ersten Steine dieser Stadt aufgerichtet; hier waren die Nibelungen gefahren; hier hatte das unsterbliche Siebengestirn der Musik auf die Welt geleuchtet, Gluck, Haydn und Mozart, Beethoven, Schubert, Brahms und Johann Strauß, hier waren alle Ströme europäischer Kultur zusammengeflossen.

Satzbild: anreihende Satzverbindung (Hauptsatzreihe)

1. Hauptsatz ; 2. Hauptsatz ; 3. Hauptsatz , 4. Hauptsatz .

Analyse des 1. Hauptsatzes:

verbale Klammer

Die Römer hatten die (ersten) Steine (dieser Stadt) auf-
Sg. Sa. Erg. 4. (mit 2 Bfg.) Sa.

gerichtet;

Grundform: wie oben.

Analyse des 2. Hauptsatzes:

verbale Klammer

. . .; hier waren die Nibelungen gefahren, . . .

freie Ortsang. — Sa. — Sg. — Sa.

Grundform: Die Nibelungen waren gefahren.

Analyse des 3. Hauptsatzes:

verbale Klammer

. . .; hier hatte das (unsterbliche) Siebengestirn (der Musik)

freie Ortsang. — Sa. — Sg. (mit 2 Bfg.)

auf die Welt geleuchtet, (Gluck, Haydn und Mozart,

Ortserg. — Sa.

Beethoven, Schubert, Brahms und Johann Strauß),

(herausgehobene Beifügungen [Beisätze] zum Sg.)

Grundform: Das unsterbliche Siebengestirn der Musik hatte auf die Welt geleuchtet, Gluck, Haydn und Mozart, Beethoven, Schubert, Brahms und Johann Strauß.

Analyse des 4. Hauptsatzes:

verbale Klammer

. . ., hier waren (alle) Ströme ([europäischer] Kultur)

freie Ortsang. — Sa. — Sg. (mit 2 Bfg.)

zusammengeflossen.

Sa.

Grundform: Alle Ströme europäischer Kultur waren zusammengeflossen.

11/6 Am Hofe, im Adel, im Volk war das Deutsche dem Slawischen, dem Ungarischen, dem Spanischen, dem Italienischen, dem Französischen, dem Flandrischen im Blute verbunden(,) und es war das eigentliche Genie dieser Stadt der Musik(,) alle diese Gegensätze harmonisch aufzulösen in ein Neues und Eigenartiges, in das Österreichische, in das Wienerische.

S a t z b i l d : mehrfach zusammengesetzter Satz

1. Hauptsatz ——, 2. Hauptsatz ——,
↓ satzwertige Nennformgruppe
—·—·—·—·—·—·—·—·—·—·—.
(steht für Ergänzungssatz)

A n a l y s e d e s 1. H a u p t s a t z e s :

verbale Klammer

Am Hofe, im Adel, im Volk (3 freie Ortsangaben) war (Sa.) das Deutsche (Sg.) dem Slawischen,

dem Ungarischen, dem Spanischen, dem Italienischen, dem Französischen, dem Flandrischen (6 Erg. im 3. Fall) im Blute (freie Artang.) verbunden, . . . (Sa.)

G r u n d f o r m : Das Deutsche war dem Slawischen, dem Ungarischen, dem Spanischen, dem Italienischen, dem Französischen, dem Flandrischen verbunden.

A n a l y s e d e s 2. H a u p t s a t z e s :

. . ., und es (Sg.) war (Sa.) das (eigentliche) Genie (dieser Stadt der Musik) (Gleichsetzungsglied im 1. Fall (mit 2 Bfg.)), . . .

G r u n d f o r m : wie oben.

12/1 Den Voralpen fehlt manches, was ihre stolzen, höheren Nachbarn auszeichnet.

Satzbild: Satzgefüge

Hauptsatz
——————,
↓ Gliedsatz
- - - - - - - - - - - - - - - - .
(Satzgegenstandssatz)

Analyse des Hauptsatzes:

Den Voralpen fehlt manches, . . .
Erg. 3. Sa. Sg.

Grundform: wie oben.

12/2 Sie sind im großen Landschaftshaushalt der arbeitsame, nach außen hin wenig auffällige Mittelstand.

Satzbild:

Hauptsatz
——————— .

Satzanalyse:

Sie sind im (großen) Landschaftshaushalt
Sg. Sa. freie Ortsang. (mit Bfg.)

der (arbeitsame, nach außen hin wenig auffällige) Mittelstand.
Gleichsetzungsglied im 1. Fall (mit Beifügungen)

Grundform: Sie sind der arbeitsame, nach außen hin wenig auffallende Mittelstand.

12/3 Sie besitzen keine wolkennahen Felsburgen, keine schimmernden, unfruchtbaren Eispaläste.

Satzbild:

Hauptsatz
——————— .

Satzanalyse:

Sie besitzen keine (wolkennahen) Felsburgen,
Sg. Sa. Erg. 4. (mit Bfg.)

keine (schimmernden, unfruchtbaren) Eispaläste.
Erg. 4 (mit 2 Bfg.)

Grundform: wie oben.

12/4 Ihre Felsen bergen die Füße unter waldigen Teppichen und ziehen sich gerne eine kleinbürgerliche Waldhaube über den Scheitel.

Satzbild: Hauptsatz (entstanden aus der Zusammenfassung zweier gleichwertiger Sätze)

Hauptsatz

Satzanalyse:

(Ihre) Felsen bergen die Füße unter (waldigen) Teppichen
Sg. (mit Bfg.) 1. Sa. Erg. 4. Ortserg. (mit Bfg.)

und ziehen sich gerne eine (kleinbürgerliche) Waldhaube
2. Sa. freie Artang. Erg. 4. (mit Bfg.)

über den Scheitel.
Ortserg.

Grundform: Ihre Felsen bergen die Füße unter waldigen Teppichen und ziehen sich eine kleinbürgerliche Waldhaube über den Scheitel.

12/5 Aber ragen ihre Gipfel auch nicht so hoch an die Gestirne heran, so sind sie dafür auch nicht so feierlich stumm und können mit Baumkronen und Singvögeln jene heimlichen guten Worte raunen, nach denen eine geängstige Seele verlangt.

S a t z b i l d : mehrfach zusammengesetzter Satz

Zusammenfassung von zwei Hauptsätzen

1. Nebensatz ↑ ↓ 2. Nebensatz

(Bedingungssatz) (Beifügesatz)

A n a l y s e d e s H a u p t s a t z e s :

. . ., so sind sie dafür auch nicht (so feierlich) stumm

1. Sa. Sg. freie Begr.-Ang. Arterg. (mit Bfg.)

verbale Klammer

und können mit Baumkronen und Singvögeln

2. Sa. 2 Vorworterg.

jene (heimlichen guten) Worte raunen, . . .

Erg. 4 (mit 2 Bfg.) 2. Sa.

G r u n d f o r m : Sie sind auch nicht so feierlich stumm und können mit Baumkronen und Singvögeln jene heimlichen guten Worte raunen.

250 Wortanalysen

1/1

Österreich	konkr. Hw., s., Ez., 1. F., st. Bg.
liegt	Hauptzw., 3. Pers., Ez., Ggw., tät., Personalf., best. Auss., starke Abw.
im	Vorw. mit Art., 3. F.
südlichen	Ew., s., Ez., 3. F., Grundstufe, schw. Bg.
Mitteleuropa,	konkr. Hw., s., Ez., 3. F., st. Bg.
es	pers. Fw., 3. Pers., Ez., 1. F.
ist benachbart	Zustandspassiv, gebildet aus dem Hilfszw. d. Z. und dem 2. Mittelwort
dem	best. Art., m., Ez., 3. F.
Mittelmeerraum.	konkr. Hw., m., Ez., 3. F., st. Bg.

1/2

Es	pers. Fw., 3. Pers., s., Ez., 1. F.
ist	Hilfzw. d. Z., 3. Pers., Ez., Ggw., tät., Personalf., best. Auss., unregelm. Abw.
ein	unbest. Art., s., Ez., 1. F.
wichtiges	Ew., s., Ez., 1. F., Grundstufe, st. Bg.
Durchgangsland.	konkr. Hw., s., Ez., 1. F., st. B.

1/3

Hier	Uw. d. O.
führen	Hauptzw., 3. Pers., Mz., Ggw., tät., Personalf., best. Auss., schw. Abw.
die	best. Art., m., Mz., 1. F.

Wege	konkr. Hw., m., Mz., 1. F., st. Bg.
vom	Vorw. mit Art., 3. F.
Herzen	konkr. Hw., s., Ez., 3. F., gem. Bg.
des	best. Art., m., Ez., 2. F.
Erdteiles	konkr. Hw., m., Ez., 2. F., st. Bg.
nach	Vorw., 3. F., bzw. 4. F.
der	best. Art., w., Ez., 3. F.
Apenninenhalbinsel	konkr. Hw., w., Ez., 3. F., schw. Bg.
und	anreihendes Bw.
nach	Vorw., 3. F., bzw. 4. F.
Südosteuropa.	konkr. Hw., s., Ez., 4. F., st. Bg.

1/4

Wegen	Vorw., 2. F.
der	best. Art., w., Mz., 2. F.
Ostalpen	konkr. Hw., w., Mz., 2. F., schw. B.
müssen	Hilfszw. d. Aussage (zu „überschreiten“), 3. Pers., Mz., Ggw., tät., Personalf., best. Auss., unregelm. Abw.
die	best. Art., w., Mz., 1. F.
meisten	unbest. Zahlw. (Fw.), Mz., 1. F.
Verkehrslinien	konkr. Hw., w., Mz., 1. F., schw. Bg.
Pässe	konkr. Hw., m., Mz., 4. F., st. Bg.
überschreiten.	Hauptzw., Nennform best. Auss., st. Abw.

1/5

Dem	best. Art., m., Ez., 3. F.
Alpennordrand	konkr. Hw., m., Ez., 3. F., st. Bg.
folgt	Hauptzw., 3. Pers., Ez., Ggw., tät., Personalf., best. Auss., schw. Abw.
der	best. Art., m., Ez., 1. F.
Donauweg.	konkr. Hw., m., Ez., 1. F., st. Bg.

1/6

Er	pers. Fw., 3. Pers., m., Ez., 1. F.
ist	Hilfszw. d. Z. (als Hauptzw. verwendet), 3. Pers., Ez., Ggw., tät., Personalf., best. Auss., unregelm. Abw.
eine	Zahlw. (Fürw.), w., Ez., 1. F.
der	best. Art., w., Mz., 2. F.
bedeutendsten	1. Mittelwort, Meiststufe, unbest. Form d. Zw., hier als Ew. verwendet
europäischen	Ew., w., Mz., 2. F., Grundstufe, schw. Bg.
West-Ost-Verbindungen.	abstr. Hw., w., Mz., 2. F., schw. Bg.

1/7

An	Vorw., 3. F.
der	best. Art., w., Ez., 3. F.
Donau	konkr. Hw., w., Ez., 3. F., schw. Bg.
ist	Hilfszw. d. Z. (zu „entstanden“), 3. Pers., Ez., Ggw. (hier als Hilfszw. jedoch Teil d. Vgh.), tät., Personalf., best. Auss., unregelm. Abw.
auch	anreihendes Bw.
Österreichs	konkr. Hw., s., Ez., 2. F., st. Bg.
Hauptstadt	konkr. Hw., w., Ez., 1. F., st. Bg.
Wien	konkr. Hw., s., Ez., 1. F., st. Bg.
entstanden.	2. Mittelwort, unbest. Form d. Zw. (mit dem Hilfszw. die Vgh. ausdrückend)

1/8

Österreich	konkr. Hw., s., Ez., 1. F., st. Bg.
ist	Hilfszw. als Hauptzw. verwendet, 3. Pers., Ez., Ggw., tät., Personalf., best. Auss., unregelm. Abw.
ebenso	die Art und Weise bestimmendes Bw.
ein	unbest. Art., m., Ez., 1. F.
Alpenstaat	abstr. Hw., m., Ez., 1. F., st. Bg.

wie	die Art u. Weise bestimmendes Bw.
ein	unbest. Art., m., Ez., 1. F.
Donaustaat,	abstr. Hw., m., Ez., 1. F., st. Bg.
ein	unbest. Art., s., Ez., 1. F.
Land	konkr. Hw., s., Ez., 1. F., st. Bg.
der	best. Art., m., Mz., 2. F.
Berge	konkr. Hw., m., Mz., 2. F., st. Bg.
wie	die Art u. Weise bestimmendes Bw.
ein	unbest. Art., s., Ez., 1. F.
Land	konkr. Hw., s., Ez., 1. F., st. Bg.
am	Vorw. mit Art., 3. F.
Strome.	konkr. Hw., m., Ez., 3. F., st. Bg.

2/1

Industrie	abstr. Hw., w., Ez., 1. F., schw. Bg.
und	anreihendes Bw.
Gewerbe	abstr. Hw., s., Ez., 1. F., st. Bg.
beschäftigen	Hauptzw., 3. Pers., Mz., Ggw., tät., Personalf., best. Auss., schw. Abw.
mehr	unbest. Zahlw.
Arbeitskräfte	konkr. Hw., w., Mz., 4. F., st. Bg.
als	nebenordnendes Bw.
die	best. Art., w., Ez., 1. F.
Landwirtschaft.	abstr. Hw., w., Ez., 1. F., schw. Bg.

2/2

Erdöl,	konkr. Hw., s., Ez., 1. F., st. Bg.
Eisenerz	konkr. Hw., s., Ez., 1 F., st. Bg.
und	anreihendes Bw.
Holz	konkr. Hw., s., Ez., 1. F., st. Bg.
sind	Hilfszw. (hier als Hauptzw. verwendet) 3. Pers., Mz., Ggw., tät. F., Personalf., best. Auss., unregelm. Abw.
einige	unbest. Zahlw. (Fw.)

der	best. Art., m., Mz., 2. F.
wichtigsten	Ew., m., Mz., 2. F., Meiststufe, schw. Bg.
heimischen	Ew., m., Mz., 2. F., Grundstufe, schw. Bg.
Rohstoffe.	konkr. Hw., m., Mz., 2. F., st. Bg.

2/3

Viele	unbest. Zahlw., m., Mz., 1. F.
andere	unbest. Fw., 3. Pers., Mz., 1. F.
sowie	anreihendes Bw.
ein	unbest. Art., m., Ez., 1. F.
kleiner	Ew., m., Ez., 1. F., Grundst., st. Bg.
Teil	konkr. Hw., m., Ez., 1. F., st. Bg.
der	best. Art., s., Mz., 2. F.
Lebensmittel	konkr. Hw., s., Mz., 2. F., st. Bg.
müssen	Hilfzw. d. Aussageweise, 3. Pers., Mz., Ggw., best. Auss., Personalf., schw. Abw.
eingeführt werden.	2. Mittelw. d. Zw., unbest. Form, mit dem Hilfszw. „werden" einen passiven Infinitiv bildend

2/4

Österreich	konkr. Hw., s., Ez., 1. F., st. Bg.
verkauft	Hauptzw., 3. Pers., Ez., Ggw., tät. Personalf., best. Auss., schw. Abw.
Industriewaren	konkr. Hw., w., Mz., 4. F., schw. Bg.
nach	Vorw., 4. F.
allen	unbest. Zahlw. (Ew.), m., Mz., 4. F.
Teilen	konkr. Hw., m., Mz., 4. F., st. Bg.
der	best. Art., w., Ez., 2. F.
Erde.	konkr. Hw., w., Ez., 2. F., schw. Bg.

2/5

Der	best. Art., m., Ez., 1. F.
Erlös	konkr. Hw., m., Ez., 1. F., st. Bg.

daraus	Umstandsfw. (Pronominaladverb)
und	anreihendes Bw.
die	best. Art., w., Mz., 1. F.
Einkünfte	konkr. Hw., w., Mz., 1. F., st. Bg.
aus	Vorw., 3. F.
dem	best. Art., m., Ez., 3. F.
Fremdenverkehr	abstr. Hw., m., Ez., 3. F., st. Bg.
ermöglichen	Hauptzw. 3. Pers., Mz., Ggw., tät., Personalf., best. Auss., schwache Abw.
die	best. Art., w., Mz., 4. F.
nötigen	Ew., w., Mz., 4. F., Grundstufe, schw. Bg.
Einfuhren.	abstr. Hw., w., Mz., 4. F., schw. Bg.

2/6

Die	best. Art., w., Ez., 1. F.
Pracht	abstr. Hw., w., Ez., 1. F., schw. Bg.
des	best. Art., s., Ez., 2. F.
Hochgebirges,	konkr. Hw., s., Ez., 2. F., st. Bg.
die	best. Art., w., Ez., 1. F.
Anmut	abstr. Hw., w., Ez., 1. F., schw. Bg.
der	best. Art., s., Mz., 2. F.
Hügelländer	konkr. Hw., s., Mz., 2. F., st. Bg.
und	anreihendes Bw.
die	best. Art., m., Mz., 1. F.
Seen	konkr. Hw., m., Mz., 1. F., gem. Bg.
haben	Hilfszw. d. Zeit, 3. Pers., Mz., Teil der Vergangenheitsform, tät., Personalf., best. Auss., unregelm. Abw.
dieses	hinw. Fw., 3. Pers., s., Ez., 4. F.
Land	konkr. Hw., s., Ez., 4. F., st. Bg.
zu	Vorw., 3. F.
einem	unbest. Art., s., Ez., 3. F.
bevorzugten	Ew., s., Ez., 3. F., Grundst., schw. Bg.
Reiseland	konkr. Hw., s., Ez., 3. F., st. Bg.
gemacht.	2. Mittelwort d. Hauptzw. „machen“, Teil der Vergangenheitsform

3/1

In	Vorw., 3. F.
der	best. Art., w., Ez., 3. F.
Felswand	konkr. Hw., w., Ez., 3. F., st. Bg.
des	best. Art., s., Ez., 2. F.
Steinbockgeheges	konkr. Hw., s., Ez., 2. F., st. Bg.
stehen	Hauptzw., 3. Pers., Mz., Ggw., tät., Personalf., best. Auss., unregelm. Abw.
auf	Vorw., 3. F.
schmalem	Ew., Ez., 3. F., Grundstufe, st. Bg.
Grat	konkr. Hw., m., Ez., 3. F., st. Bg.
zwei	Grundzwahlw. (Zahladjektiv)
Steinböcke	konkr. Hw., m., Mz., 1. F., st. Bg.
einander	wechselbezügl. Fw.
gegenüber.	Uw. d. O.

3/2

Sie	pers. Fw., 3. Pers., m., Mz., 1. F.
starren	Hauptzw., 3. Pers., Mz., Ggw., tät., Personalf., best. Auss., schw. Abw.
einander	wechselbezügl. Fw.
minutenlang	Uw. d. Z.
still	Uw. d. A. u. W.
an.	Teil d. Hauptzw. „anstarren“

3/3

Plötzlich	Uw. d. Z.
reißen	Hauptzw., 3. Pers., Mz., Ggw., tät., Personalf., best. Auss., st. Abw.
sie	pers. Fw., 3. Pers., m., Mz., 1. F.
gleichzeitig	Uw. d. Z.
ihre	besitzanz. Fw., 3. Pers., m., Mz., 4. F.
massigen	Ew., m., Mz., 4. F., schw. Bg.
Vorderkörper	konkr. Hw., m., Mz., 4. F., st. Bg.

nach	Vorw., 4. F.
oben,	Uw. d. O.
stehen	Hauptzw., 3. Pers., Mz., Ggw., tät., Personalf., best. Auss., st. Abw.
einen	unbest. Art., m., Ez., 4. F.
Augenblick	abstr. Hw., m., Ez., 4. F., st. Bg.
hoch	Ew.
aufgerichtet	2. Mittelw., unbest. Form d. Zw.
nur	Uw. d. Art und Weise
auf	Vorw., 3. F.
den	best. Art., s., Mz., 3. F.
Hinterbeinen	konkr. Hw., s., Mz., 3. F., st. Bg.
und	anreihendes Bw.
lassen	als Hilfszw. verwendetes Hauptzw., 3. P., Mz., Ggw., tät., Personalf., best. Auss., st. Abw.
sich	rückbezügl. Fw.
ebenso	Uw. d. A. u. W.
auf	Vw., 4. F.
den	best. Art., m., Ez., 4. F.
andern	unbest. Fw., m., Ez., 4. F.
zufallen.	Nennform, unbest. Form d. Hauptzw.

3/4

Dabei	Uw. d. A. u. W.
krachen	Hauptzw., 3. Pers., Mz., Ggw., tät., Personalf., best. Auss., schw. Abw.
sie	pers. Fw., 3. Pers., m., Mz., 1. F.
hart	Ew., Grundstufe
und	anreihendes Bw.
laut	Ew., Grundstufe
knallend	1. Mittelw. des Zw. „knallen“
mit	Vorw., 3. F.
den	best. Art., s., Mz., 3. F.
Hörnern	konkr. Hw., s., Mz., 3. F., st. Bg.
aufeinander,	Uw. d. O.

verharren	Hauptzw., 3. Pers., Mz., Ggw., tät., Personalf., best. Auss., schw. Abw.
einen	unbest. Art., m., Ez., 4. F.
Augenblick,	abstr. Hw., m., Ez., 4. F., st. Bg.
weichen zurück (zurückweichen)	Hauptzw., 3. Pers., Mz., Ggw., tät., Personalf., best. Auss., starke Abw.
und	anreihendes Bw.
reißen	Hauptzw. (hochreißen), 3. Pers., Mz., Ggw., tät., Personalf., best. Auss., st. Abw.
ihren	besitzanz. Fw., 3. Pers., m., Ez., 4. F.
Körper	konkr. Hw., m., Ez., 4. F., st. Bg.
erneut	Uw. d. Z.
hoch.	hier: Teil des Hauptzw. „hochreißen“

3/5

Wieder	Uw. d. Z.
dröhnt	Hauptzw., 3. Pers., Ez., Ggw., tät., Personalf., best. Auss., schw. Abw.
es	pers. Fw. (jedoch unpersönlich gebraucht), 3. Pers., Ez.
dumpf	Ew., Grundstufe
durch	Vw., 4. F.
den	best. Art., m., Ez., 4. F.
Garten.	konkr. Hw., m., Ez., 4. F., st. Bg.

3/6

Wir	pers. Fw., 1. Pers., Mz.
sind (geworden)	Hilfszw. d. Z., 1. Pers., Mz., bildet mit dem 2. Mittelwort „geworden“ die Vergangenheitsform von „werden“, tät., Personalf., best. Auss., unregelm. Abw.
Zeugen	abstr. Hw., m., Mz., 1. F., schw. Bg.

eines	unbest. Art., m., Ez., 2. F.
Rivalenkampfes	abstr. Hw., m., Ez., 2. F., st. Bg.
unter	Vorw., 3. F.
Steinböcken	konkr. Hw., m., Mz., 3. F., st. Bg.
geworden.	2. Mittelw. des Hilfszw. „werden“

3/7

Auf	Vorw., 4. F.
diese	hinw. Fw., w., Ez., 4. F.
Weise	abstr. Hw., w., Ez., 4. F., schw. Bg.
können	Hilfszw. d. Aussagew., 3. Pers., Mz., Ggw., tät., Personalf., best. Auss., unregelm. Abw.
die	best. Art., s., Mz., 1. F.
Männchen	konkr. Hw., s., Mz., 1. F., st. Bg.
noch	anreihendes Bw.
stundenlang	Uw. d. Z.
erproben,	Hauptzw., 3. P., Mz., Ggw., tät., Personalf., best. Auss., schw. Abw.
wer	bezügl. Fw.
mehr	Uw. d. A. u. W.
Standfestigkeit	abstr. Hw., w., Ez., 4. F., schw. Bg.
hat.	ein als Hauptzw. verwendetes Hilfszw., 3. Pers., Ez., Ggw., tät., Personalf., best. Auss., unregelm. Abw.

3/8

Es	pers. Fw. (unpers. gebraucht)
ist	als Hauptzw. verwendetes Hilfszw., 3. Pers., Ez., Ggw., tät., Personalf., best. Auss., unregelm. Abw.
ein	unbest. Art., m., Ez., 1. F.
Kampf,	abstr. Hw., m., Ez., 1. F., st. Bg.
bei	Vorw., 3. F.

dem	bezügl. Fw., m., Ez., 3. F
der	best. Art., m., Ez., 1. F.
Zähere	als Hauptw. gebrauchtes Ew. (Mehrstufe), m., Ez., 1. F., schw. Bg.
ebenso	Uw. der Art und Weise
gut	Ew.
siegen	Hauptzw., Nennform, unbest. Form (Teil d. Satzaussage)
kann	Hilfszw., d. Aussageweise, 3. P., Ez., Ggw., tät., Personalf., best. Auss., unregelm. Abw.
wie	die Art und Weise bestimmendes Bw.
der	Art., m., Ez., 1. F.
Massigere,	als Hw. gebrauchtes Ew. (Mehrstufe), m., Ez., 1. F., schw. Bg.
dem	bezügl. Fw., m., Ez., 3. F.
sein	besitzanz. Fw., s., Ez., 1. F.
Gewicht	konkr. Hw., s., Ez., 1. F., schw. Bg.
zu	Vorw., 3. F.
Hilfe	abstr. Hw., w., Ez., 3. F., schw. Bg.
kommt.	Hauptzw., 3. Pers., Ez., Ggw., tät., Personalf., best. Auss., starke Abw.

Erklärung der Abkürzungen

1. Zur Satzlehre

Abkürzung	Erklärung
Nummerierung:	
3/2	Text Nr. 3, 2. Satz
7/8	Text Nr. 7, 8. Satz
ergänzungsl. S.	ergänzungsloser Satz
erg. S.	ergänzter Satz
Satzverb.	Satzverbindung
Satzgef.	Satzgefüge
Nennformgr.	Nennformgruppe
Mittelwortgr.	Mittelwortgruppe
Sg.	Satzgegenstand (Subjekt)
Sa.	Satzaussage (Prädikat)
Gleichsetzungsgl. 1.	Gleichsetzungsglied im 1. Fall
Gleichsetzungsgl. 4.	Gleichsetzungsglied im 4. Fall
Erg. 2., 3., 4.	Ergänzung (Objekt) im 2., 3. oder 4. Fall
Vorw.-Erg. 2., 3., 4.	Vorwortergänzung im 2., 3. oder 4. Fall
Umstandsang.	Umstandsangabe (adverbiale Bestimmung)
Umstandserg.	Umstandsergänzung
Ortsang.	Ortsangabe (lokale Bestimmung)
Zeitang.	Zeitangabe (temporale Bestimmung)
Artang.	Artangabe (modale Bestimmung)
Begr.-Ang.	Begründungsangabe (kausale Bestimmung)
Bfg.	Beifügung (ein Gliedteil, Attribut)
Redet.	Redeteil (Parenthese)
anreih. Satzverb.	anreihende Satzverbindung
ausschl. Satzverb.	ausschließende Satzverbindung (Hauptsatzreihe)
entgegensetzende Satzverb.	entgegensetzende Satzverbindung (Hauptsatzreihe)
begr. Satzverb.	begründende Satzverbindung (Hauptsatzreihe)
Satzgegenst.-S.	Satzgegenstandssatz (Subjektsatz)
Gleichs.-S.	Gleichsetzungssatz
Erg.-S.	Fallergänzungssatz (Objektsatz)
Umst.-S.	Umstandsergänzungssatz (Adverbialsatz)
Zeits.	Zeitsatz (Temporalsatz)
Ortss.	Ortssatz (Lokalsatz)

Abkürzung	Erklärung
Arts.	Artsatz (Modalsatz)
Begr.-S.	Begründungssatz (Kausalsatz)
Bfg.-S.	Beifügesatz (Attributsatz)

2. Zur Wortlehre

Hauptzw.	Hauptzeitwort (Vollverb, Verb)
Hilfszw.	Hilfszeitwort
Hilfszw. d. A.	Hilfszeitwort der Aussageweise (Modalverb)
Ggw.	Gegenwart (Präsens)
Mitvgh.	Mitvergangenheit (1. Vergangenheit, Imperfekt)
Vgh.	Vergangenheit (2. Vergangenheit, Perfekt)
Vorvgh.	Vorvergangenheit (3. Vergangenheit, Plusquamperfekt)
Zkft.	Zukunft (1. Zukunft, 1. Futur)
Vorzkft.	Vorzukunft (2. Zukunft, 2. Futur oder Futurum exactum)
tät.	tätige (aktive) Form
leid.	leidende (passive) Form
Wirkl.-F.	Wirklichkeitsform (Indikativ)
Mögl.-F.	Möglichkeitsform (Konjunktiv)
Befehlsf.	Befehlsform (Imperativ)
Personalf.	Personalform (bestimmte oder finite Form des Zeitwortes)
Nennf.	Nennform (Infinitiv)
Mw. d. Ggw.	Mittelwort der Gegenwart oder 1. Mittelwort (1. Partizip)
Mw. d. Vgh.	Mittelwort der Vergangenheit oder 2. Mittelwort (2. Partizip)
st. Abw.	starke Abwandlung (stark konjugierendes Zeitwort)
schw. Abw.	schwache Abwandlung (schwach konjugierendes Zeitwort)
unregelm. Abw.	unregelmäßige Abwandlung (unregelmäßig konjugierendes Zeitwort)
Hw.	Hauptwort (Substantiv, Nomen)
m.	männlich
w.	weiblich
s.	sächlich (neutral)
abstr.	abstrakt
konkr.	konkret
Ez.	Einzahl (Singular)

Abkürzungen

Abkürzung	Erklärung
Mz.	Mehrzahl
1. F.	1. Fall, Werfall (Nominativ)
2. F.	2. Fall, Wesfall (Genitiv)
3. F.	3. Fall, Wemfall (Dativ)
4. F.	4. Fall, Wenfall (Akkusativ)
schw. Bg.	schwache Beugung
st. Bg.	starke Beugung
gem. Bg.	gemischte Beugung
Ew.	Eigenschaftswort (Adjektiv)
Grundst.	Grundstufe (Positiv)
Mehrst.	Mehrstufe (Komparativ)
Meistst.	Meiststufe (Superlativ)
Art.	Artikel, Geschlechtswort
Fw.	Fürwort (Pronomen)
Pers.	Person
pers. Fw.	persönliches Fürwort (Personalpronomen)
bes. Fw.	besitzanzeigendes Fürwort (Possessivpronomen)
hinw. Fw.	hinweisendes Fürwort (Demonstrativpronomen)
bez. Fw.	bezügliches Fürwort (Relativpronomen)
frag. Fw.	fragendes Fürwort (Interrogativpronomen)
unbest. Fw.	unbestimmtes Fürwort (Indefintivpronomen)
Zahlw.	Zahlwort (Numerale, Zahladjektiv)
Uw. d. O.	Umstandswort des Ortes
Uw. d. Z.	Umstandswort der Zeit
Uw. d. Gr.	Umstandswort des Grundes
Uw. d. A. u. W.	Umstandswort der Art und Weise
Ufw.	Umstandsfürwort (Pronominaladverb)
Vorw. 2., 3., 4.	Vorwort (Präposition) mit 2., 3. oder 4. Fall
Bw.	Bindewort (Konjunktion)
Ausrufw.	Ausrufwort (Interjektion)

Erklärung der lateinischen Ausdrücke

(Die in diesem Buch verwendeten Bezeichnungen sind fett gedruckt)

lateinische Bezeichnung	sinngleiche deutsche Bezeichnungen
Abstraktum	**Begriffsname** (eine Art des Hauptwortes)
Adjektiv	**Eigenschaftswort,** Artwort
Adverb	**Umstandswort**
adverbiale Bestimmung (das Adverbiale)	**Umstandsergänzung** (Sammelbezeichnung für die sinnnotwendigen Umstandsergänzungen und die freien, nicht sinnnotwendigen Umstandsangaben), Umstandsbestimmung
Adverbialobjekt	**Umstandsergänzung**
Adverbialsatz	**Umstandssatz** (ein Gliedsatz)
adversative Bindewörter	**entgegensetzende Bindewörter**
adversative Satzverbindung	**entgegensetzende Satzverbindung** (Hauptsatzreihe)
Akkusativ	Wenfall, **4. Fall**
Akkusativobjekt	**Ergänzung im 4. Fall,** Wenfallergänzung, Zielgröße
Aktiv	Tätigkeitsform, **tätige Form,** Tatform
Apostroph	**Auslassungszeichen**
Apposition	**Beisatz** (eine Art der Beifügung)
Artikel	Geschlechtswort, Begleiter des Hauptwortes
Attribut	**Beifügung** (ein Teil des Satzgliedes)
Attributsatz	**Beifügesatz**
Dativ	Wemfall, **3. Fall**
Dativ, freier	freie, d. h. nicht sinnnotwendige Ergänzung des Satzes im 3. Fall
Dativobjekt	**Ergänzung im 3. Fall** (Wemfallergänzung, Zuwendgröße)
Deklination	**Beugung,** Biegung
Demonstrativpronomen	**hinweisendes Fürwort**
disjunktive Satzverbindung	**ausschließende** Satzverbindung (Hauptsatzreihe)
disjunktives Bindewort	**ausschließendes** Bindewort
Femininum	**weibliches Geschlecht**
Finalergänzung	Zweckergänzung, **Zweckangabe**
Finalsatz	Zweck- oder **Absichtssatz** (Abart des Umstandssatzes des Grundes)
Futur (I)	(1.) **Zukunft**

lateinische Bezeichnung	sinngleiche deutsche Bezeichnungen
Futurum exactum oder Futur II	2. Zukunft, **Vorzukunft,** vollendete Zukunft.
Genitiv	Wesfall, **2. Fall**
Genitivobjekt	Wesfallergänzung, **Ergänzung im 2. Fall,** Anteilgröße
Genus	**Geschlecht**
Gleichsetzungsakkusativ	**Gleichsetzungsglied im 4. Fall**
Gleichsetzungsnominativ	**Gleichsetzungsglied im 1. Fall,** Gleichgröße
Grammatik	**Sprachlehre**
Imperativ	**Befehlsform**
Imperfekt (Präteritum)	**Mitvergangenheit,** (1.) Vergangenheit, unvollendete Vergangenheit, Erzählform
Indefinitpronomen	**unbestimmtes Fürwort**
Indikativ	**Wirklichkeitsform,** bestimmte Aussageweise
Infinitiv	**Nennform** des Zeitwortes, Grundform
infinite Form des Verbs	**unbestimmte Form** des Zeitwortes
Infinitivsatz	satzwertige **Nennformgruppe,** Grundformsatz, Bestimmungsgruppe m. Infinitiv als Satzaussage
Instrumentalsatz	Artsatz, der das Mittel nennt, durch das der im Hauptsatz genannte Sachverhalt eintritt
Interjektion	**Ausrufwort,** Empfindungswort
Interpunktion	**Zeichensetzung**
Interrogativadverb	**fragendes Umstandswort**
Interrogativpronomen	**fragendes Fürwort**
Interrogativsatz	**abhängiger Fragesatz**
intransitive Verben	**unbezügliche Zeitwörter,** nicht zielende Zeitwörter
Kardinalien	**Grundzahlwörter**
Kasus	**Fall**
kausale Konjunktionen	**begründende Bindewörter**
kausale Bestimmung	**Begründungsangabe,** Begründungsergänzung, Umstand des Grundes, Kausalangabe
Kausalsatz	**Begründungssatz,** Umstandssatz des Grundes
Kolon	**Doppelpunkt**
Komma	**Beistrich**
Komparation	**Steigerung,** führt zur Bildung der **„Vergleichsformen“** beim Eigenschaftswort
Komparativ	**Mehrstufe,** Steigerungsstufe, Höherstufe, 1. Stufe der Steigerung
Komparativsatz	**Vergleichssatz**
Kompositum	**zusammengesetztes Wort**
Konditional	**Bedingungsform**
Konditionalsatz	**Bedingungssatz** (eine Art des Begründungssatzes)

Lateinische Ausdrücke

lateinische Bezeichnung	sinngleiche deutsche Bezeichnungen
Konjugation	**Abwandlung** des Zeitwortes
konjugieren	**abwandeln**
Konjunktion	**Bindewort**
Konjunktionalsatz	durch ein Bindewort eingeleiteter Nebensatz
Konjunktiv	**Möglichkeitsform,** unbestimmte Aussageweise
Konkretum	Dingname, **Gegenstandsname** (eine Art des Hauptwortes)
Konsekutivsatz	**Folgesatz** (eine Art des Begründungssatzes)
konsekutive Satzverbindung	**folgernde Satzverbindung** (Hauptsatzreihe)
Konzessivsatz	**Einräumungssatz** (eine Art des Begründungssatzes)
Kopula	**Satzband**
kopulative Konjunktionen	**anreihende Bindewörter**
kopulative Satzverbindung	**anreihende Satzverbindung** (Hauptsatzreihe)
lokale Bestimmung	**Ortsangabe,** Ortsergänzung, Umstand des Ortes, Raumangabe, Lokalergänzung
Lokalsatz	**Ortssatz,** Umstandssatz des Ortes
Maskulinum	**männliches Geschlecht**
modale Konjunktionen	**Bindewörter der Art und Weise**
modale Bestimmung	**Artangabe,** Artergänzung, Umstand der Art und Weise, Modalangabe, Modalergänzung
Modalsatz	**Artsatz,** Umstandssatz der Art und Weise
Modalverb	**Hilfszeitwort** der Aussage
modifizierendes Verb	als Hilfszeitwort verwendetes Hauptzeitwort
Modus	**Aussageweise** (s. Indikativ und Konjunktiv)
Neutrum	**sächliches** oder neutrales **Geschlecht**
Nomen (Substantiv)	**Hauptwort,** Namenwort, Nennwort
Nominativ	Werfall, **1. Fall**
Numerale	**Zahlwort** (Zahladjektiv, Zahladverb, Zahlpronomen)
Numerus	**Zahl**
Objekt, Objektergänzung	**Ergänzung,** Fallergänzung
Objektsatz	**Ergänzungssatz,** Fallergänzungssatz
Ordinalien	**Ordnungszahlwörter**
Orthographie	**Rechtschreibung,** Rechtschreiblehre
Parenthesen	**Redeteile** außerhalb des Satzverbandes
Partikeln	Lagewörter (Sammelbezeichnung für das Umstandswort, das Vorwort und das Zahlwort)
Partizip	**Mittelwort**
Partizip des Präsens oder 1. Partizip	**1. Mittelwort,** Mittelwort der Gegenwart
Partizip des Perfekts oder 2. Partizip	**2. Mittelwort,** Mittelwort der Vergangenheit

lateinische Bezeichnung	sinngleiche deutsche Bezeichnungen
Partizipialsatz (Partizipialgruppe)	**Mittelwortgruppe,** satzwertiges Partizip
Passiv	**leidende Form,** Leideform
Perfekt	(2.) **Vergangenheit,** vollendete Gegenwart, Vorgegenwart
Periode	mehrfach zusammengesetzter Satz
Personalform	bestimmte Form des Zeitwortes, an der man Person und Zahl erkennen kann
Personalpronomen	**persönliches Fürwort,** Personenzeigwort
Plural	**Mehrzahl**
Plusquamperfekt	**Vorvergangenheit,** vollendete Vergangenheit, 3. Vergangenheit
Positiv	**Grundstufe,** 1. Stufe bei der Steigerung
Possessivpronomen	**besitzanzeigendes Fürwort**
Prädikat	**Satzaussage,** Geschehenskern, Aussagekern
Prädikativsatz	alte Bezeichnung für den **Gleichsetzungssatz**
Präfix	**Vorsilbe**
Präposition	**Vorwort,** Verhältniswort, Beziehungswort
Präpositionalobjekt	**Vorwortergänzung,** Verhältnisergänzung, Beziehungsgröße
Präsens	**Gegenwart,** Jetztzeit
Präteritum (Imperfekt)	**Mitvergangenheit,** 1. Vergangenheit, Erzählform
Pronomen	**Fürwort**
Pronominaladverb	**Umstandsfürwort**
Proportionalsatz	**Verhältnissatz** (Abart des Artsatzes)
Reflexivpronomen	**rückbezügliches Fürwort**
reflexive Verben	**rückbezügliche Zeitwörter**
Relativadverb	**bezügliches Umstandswort**
Relativpronomen	**bezügliches Fürwort**
Relativsatz	**bezüglicher Nebensatz** (wird durch ein Relativpronomen eingeleitet), Bezugswortsatz
Restriktivsatz	**Einschränkungssatz**
reziprokes Pronomen	**wechselbezügliches Fürwort**
Semikolon	**Strichpunkt**
Singular	**Einzahl**
Subjekt	**Satzgegenstand,** Grundgröße
Subjektsatz	**Satzaussagesatz**
Substantiv (Nomen)	**Hauptwort,** Namenwort, Nennwort, Dingwort
Suffix	**Nachsilbe**
Superlativ	**Höchststufe,** Meiststufe, 3. Stufe bei der Steigerung (eine Vergleichsform)

lateinische Bezeichnung	sinngleiche deutsche Bezeichnungen
Synonym	**sinnverwandtes Wort**
Syntax	**Satzlehre**
temporale Bindewörter	**zeitliche Bindewörter**
temporale Bestimmung	**Zeitangabe,** Zeitergänzung, Umstand der Zeit, Temporalergänzung, Temporalangabe
Temporalsatz	**Zeitsatz,** Umstandssatz der Zeit
Tempus	**Zeit**
transitive Verben	**bezügliche Zeitwörter**
Verb	**Zeitwort,** Aussagewort, Tätigkeitswort, Tunwort
verbale Klammer	Zeitwortklammer
Verbzusatz	zweiter Teil eines Zeitwortes (er **kehrte** bald **heim)**
Vokal	**Selbstlaut**
Vollverb	**Hauptzeitwort, Zeitwort**

Quellen der Texte

1, 2: Seydlitz, Lehrbuch der Erdkunde, 4. Teil. Österreichischer Bundesverlag
3: Kirchhofer, Der Naturforscher. Ueberreuter
4, 9: Wunderbare Welt. Herder
5: Gebhardt-Geschrei, Deutsche Aufsätze. Hueber
6: Wiechert, Wälder und Menschen. Desch
7: Martell, Planeten, Raketen, Astronauten. Arena
8, 10: Schittenhelm, Von Tag zu Tag. Franckh
11: Zweig, Die Welt von gestern. Fischer
12: Nabl, Freundschaft mit den Voralpen. Zeitschriftenaufsatz.

REGISTER

zur Wort- und Satzlehre (Übersicht Seite 9–53)

Karl A. Dostal

Hundert Diktate

13. Auflage in der neuen Rechtschreibung,
127 Seiten
ISBN: 3-85157-063-4

Zeitnahe Texte, nach Schulstufen und Schwierigkeitsgraden geordnet, für die 5. bis 9. Schulstufe.

Methodische Anleitung für Lehrer und Eltern, Einsatz im leistungsdifferenzierten Unterricht, besonders in Förderkursen. Dank der Übersicht am Schluss kann sowohl vom Inhalt als auch vom Rechtschreibefall ausgegangen werden.

Das Verzeichnis der häufigsten Zweifelsfälle ermöglicht ein Nachschlagen unmittelbar im Buch.

Karl A. Dostal

120 neue Übungsdiktate

7. Auflage in der neuen Rechtschreibung,
144 Seiten
ISBN: 3-85157-064-2

Übungsdiktate für die 4. bis 9. Schulstufe, nach Leistungsgruppen differenziert und mit einem Inhaltsregister versehen.

L
S
H

Karl A. Dostal

Der deutsche Aufsatz, I. Teil

20., erweiterte und verbesserte Auflage
in der neuen Rechtschreibung,
365 Seiten
ISBN: 3-85157-066-9

Ein tausendfach bewährtes Lehr- und Übungsbuch: Arbeitsanleitung für Schüler, 300 Diktate aus Dichtung und Sachunterricht, Kennzeichnung des Schwierigkeitsgrades jeder Übung, Lückentexte zum Einsetzen, Schulung des Sprachgefühls durch Gegenüberstellung von Richtigem und Falschem, Ausdrucksübungen, Gliederung der Ansagestoffe nach Sachgebieten, klare und übersichtliche Anordnung des Inhalts.

Ein bewährter Helfer im häuslichen Nachholunterricht ab der 5. Schulstufe.

Der deutsche Aufsatz, II. Teil

23., erweiterte und verbesserte Auflage
in der neuen Rechtschreibung,
384 Seiten
ISBN: 3-85157-067-7

Ein ausgezeichneter Behelf zur Erlernung des Aufsatzschreibens.

In diesem Buch findet der Lehrer methodische Anregungen, der Studierende Stilratschläge für jede Aufsatzgattung, ausgearbeitete Schüleraufsätze als Beispiel, Gliederungen und eine reiche Sammlung von Aufsatzhemen verschiedener Schwierigkeitsstufen.

Unentbehrlich für Schüler ab der 5. Schulstufe bis zur Reifeprüfung. Bewährt in der Erwachsenenbildung.